DESENMASCARADO

Una lucha en que pocos han osado involucrarse,
descubra al verdadero enemigo.

RITA CABEZAS

EDITORIAL
UNILIT

SEPA

Publicado por
Editorial UNILIT
Miami, Fl.
Derecho Reservados ©1988

ISBN 0-945792-04-2
Producto No. 490239

Diseño de la portada: Alicia Mejias
Impreso en Colombia

ISBN 0-945792-04-2
Producto No. 490239

INDICE

Dedicatoria 5
Prólogo 7
Prefacio 15
 1. Eugenia 21
 2. El pastor con el ministerio de liberación 28
 3. Dinorah 33
 4. Ahora le toca a usted, Rita 41
 5. El empujón de Dios 44
 6. Inicio de mi ministerio 48
 7. Maruja 54
 8. Alejandro: Obsesivo compulsivo 57
 9. Cecilia: una niña de nueve años 62
10. La oferta 69
11. Conversación: Psicólogo/demonio 80
12. Gean Carlo 87
13. Sandy: Personalidad múltiple 109
14. Psicología y demonios 118
15. Consejos prácticos para el que ministra
    liberación 152
16. Cristianos endemoniados 159
17. Opinión con fundamento 167

Dedicatoria

A mi esposo, Francisco, y a mis hijos, Santiago y David, quienes tuvieron que renunciar a muchas horas de atención de mi parte con el fin de permitir que me convirtiera en escritora.

¡Gracias por su comprensión y paciencia!

PROLOGO

Satanás utiliza máscaras para disfrazar su presencia. A lo largo de los últimos cuatro años, Dios le ha permitido a Rita identificar muchas de aquellas que se relacionan con su campo profesional. En el presente libro ella comparte sus experiencias en una aventura insólita que la ha llevado a estar cara a cara con el maligno en una batalla espiritual tremendamente poderosa. Es una lucha en la que pocos han osado involucrarse tan abiertamente.

Poco a poco, Rita ha ido abriendo puertas que por siglos habían permanecido cerradas para muchos cristianos. Encontró que la llave para abrirlas es el Nombre de Jesús, nombre sobre todo nombre y ante el cual toda rodilla ha de doblarse.

Como psicóloga, Rita ha sabido integrar sus conocimientos científicos con la investigación en el campo demoníaco, un campo que pareciera intangible, pero que a la vez es muy palpable para aquellos que lo hemos experimentado. El enfoque psicológico que ella ha podido aportar a la práctica de la liberación espiritual se hacía necesario para arrojar luz sobre la relación tan compleja y poco comprendida entre el mundo psicológico y el espiritual.

Sin duda, constituye éste un trabajo pionero, ya que penetra terreno virgen desde el punto de vista del estudio de la conducta humana. Hasta ahora la psicología habia estado renuente a adentrarse en esta dimensión desconocida que innegablemente afecta al ámbito del comportamiento del hombre.

Hemos conocido a Rita por dos años y hemos estado presentes en muchas sesiones de liberación con ella. Somos testigos de la metodología y de la práctica descritas en su libro. En todos los casos en que hemos participado, los resultados han sido positivos, en algunos, impresionantemente rápidos, en otros más lentos y laboriosos.

Conocemos de cerca a muchas personas que se han liberado y sanado por medio de su trabajo. Hemos podido corroborar que los resultados de su tratamiento de liberación son duraderos y no un producto pasajero de reacciones histéricas.

Concordamos con ella en que las personas oprimidas por los poderes demoníacos nunca encontrarán un alivio genuino a través de un tratamiento médico, psiquiátrico o psicológico que excluya a Jesucristo.

El libro hace un llamado a los demás profesionales cristianos de la salud a involucrarse en esta lucha de poderes, ya que es precisamente a sus consultorios donde vienen a dar las personas afectadas física y psicológicamente por los demonios. Esta es tarea del seguidor de Cristo quien envió a sus discípulos a sanar enfermos y libertar cautivos, es la continuación del ministerio de Jesús.

George y Gayle Weinand
Misioneros a Costa Rica
Ministerios Capilla del Calvario

La terapia de liberación presentada en este libro
ha dado muy buenos resultados. Uno de los casos
más impresionantes para mí fue el de un niño de doce
años. Un día cuando estaba orando por él, un demonio comenzó a hablarme por su boca sin que yo
hubiera mencionado nada sobre demonios. Yo ni siquiera sabía que en él había demonios. Cuando le
pregunté su nombre me respondió: ''Robo.'' Lo eché
en el Nombre de Jesús y luego se manifestó otro que
se identificó como ''Fuga.'' Ambos salieron. Me parece que el niño ni siquiera estuvo consciente de lo
sucedido, ya que al final abrió los ojos y me preguntó si ya había terminado de orar por él, como
si nada extraordinario hubiera sucedido.

De esa experiencia hace ya dos años. Antes de que
esto sucediera el niño robaba y se fugaba frecuente-
mente. El último robo había ascendido a cincuenta
mil colones. Había enterrado el dinero y los objetos
robados en los terrenos de la institución donde estaba internado, con la idea de fugarse a Panamá. Sin
embargo, el personal de la institución descubrió su
plan y encontró el dinero.

Desde el día en que ocurrió la liberación no pla-
neada, no ha vuelto a fugarse ni a robar. Las personas que laboran en ese plantel pueden confirmar este hecho.

Esa fue mi primera experiencia en este campo y,
como dije, no fue algo que yo tenía pensado hacer.
Simplemente surgió en ese momento. Después de ese

acontecimiento, he tenido más oportunidades de poner en práctica lo aprendido en el campo de la liberación y puedo afirmar que es efectiva en la eliminación de síntomas que la psicología considera netamente psicológicos, pero que yo, por estas experiencias, considero más bien de carácter espiritual.

He estado presente en muchas sesiones de liberación dirigidas por Rita. Los sucesos que se dan en este tipo de tratamiento se desbordan de lo psicológico a lo espiritual, pero ambas dimensiones están presentes. Las transformaciones de personalidad repentinas con cambios de conducta, gestos, tono y timbre de voz, uso de lenguaje y movimientos corporales, que se dan durante la fase de manifestación, son notorias para cualquiera que las observa y hacen pensar en los casos de personalidad múltiple. Sin embargo, como psicóloga cristiana, considero que los fenómenos que allí he presenciado, no pueden explicarse satisfactoriamente dentro de un marco puramente psicológico. Estoy convencida de que el mundo espiritual existe y que los psicólogos, en la contribución que pretendemos hacer a la salud integral de las personas que atendemos, tenemos que incluir, en el tratamiento, su dimensión espiritual.

Margarita Alvarado
Egresada de Psicología
Universidad de Costa Rica
Apdo. 7966, San José
Teléfono 30-3090

En diversas ocasiones he participado con Rita en experiencias de liberación espiritual. Soy testigo de que da resultados que perduran. Uno de los casos en que estuve involucrada fue el de una mujer que fumaba ochenta cigarrillos diarios. A través de un proceso de sanidad interior y liberación, ella dejó completamente de fumar. Le he dado seguimiento a este caso y he visto que después de casi dos años la conducta eliminada no ha regresado.

Participé también en la liberación de una psicóloga quien, debido a los acontecimientos que se estaban dando en su vida, parecía tener dos personalidades. Sin embargo, por lo que sucedió en la liberación, se hizo evidente que esa otra personalidad destructora que había en ella, no era suya, sino de un demonio. El cambio que se produjo en esta mujer a raíz de las tres sesiones de liberación a las que se sometió, fue notable. De eso hace un año y medio y su estado psicológico y espiritual permanece estable. Aunque las personas que se relacionan con ella a diario desconocen el hecho de que pasó por una liberación, han notado y expresado el cambio que hubo en ella. Yo la conozco personalmente y doy fe de que su transformación es evidente y ha permanecido.

También yo me he sometido al tratamiento de liberación descrito en este libro. En mi caso sólo fue necesaria una sesión de dos horas. Varias áreas problemáticas de mi vida fueron resueltas en esa ocasión y desde entonces no han vuelto a estorbarme.

Quiero aclarar que esta manera de curar no puede ser aplicada por un terapeuta no cristiano, ya que el poder que efectúa la liberación no viene de la persona que da el tratamiento, sino de Dios. Esto significa que únicamente una persona que haya hecho entrega personal de su vida a Dios es la que puede servir de canal de ese poder. Por esto sostengo que un tratamiento de esta naturaleza sólo puede ser efectuado por una persona cristiana.

Celita Ulate
Psicóloga
Universidad de Costa Rica
Apdo. 2961, San José

Tenemos evidencias claras e irrefutables de la realidad de la opresión de Satanás en la vida de los cristianos, aun en la vida de aquellos hijos de Dios más sinceros y dedicados. Lo sabemos por experiencia personal. El enemigo enmascarado del cristiano puede llegar a hacer estragos en la vida y familia del individuo, a menos que sea desenmascarado, atado, rotas sus cadenas y expulsado en el Nombre de Cristo Jesús, según se nos manda a hacer de acuerdo a Las Escrituras.

Dios ha dado dones a su Iglesia que deben ser usados para este tipo de ministerio. La Iglesia puede llegar a ser mucho más pujante, activa y efectiva si los líderes cristianos tomaran realmente en serio este aspecto del Evangelio:"Dar libertad a los cautivos." La intención de Rita Cabezas en DESENMASCARADO es justamente esa: que el relato de sus experiencias y el estudio de sus conclusiones, a la luz de la Biblia, sirvan como punto de partida a aquellos que Dios está llamando a dedicar sus vidas a éste tan necesario aspecto del ministerio cristiano.

Creemos que la mejor forma de sacar el máximo provecho de este fascinante libro, es acercándose a él con la mente abierta y el corazón dispuesto a lo que Dios quiera estarle enseñando al lector.

Román Giménez
Doctorado en Ministerio
Fuller Theological Seminary
Ministro Ordenado Iglesia Presbiteriana (USA)
Consejero matrimonial y familiar.

Sandra Giménez
Maestría en Teología
Fuller Theological Seminary
Consejera juvenil

Prefacio

Muchos consideran que la realización de liberaciones espirituales es trabajo exclusivo de clérigos y misioneros. Para mi es labor de todo cristiano comprometido. Jesús envió a sus discípulos a sanar enfermos y libertar cautivos.

Los profesionales de la salud tienen la responsabilidad de conocer a fondo las máscaras científicas utilizadas por el diablo, ya que es a ellos a quienes acuden las personas atormentadas por demonios. ¿A quién sino a un médico, psicólogo o psiquiatra, se llevaría hoy en día, un hombre como el endemoniado gadareno descrito en el libro de Marcos, capítulo cinco, versículos uno al veinte?

Habiendo demonios de enfermedad, dolor, ceguera, sordera, mudez, cáncer, gula, asma, tos, epilepsia, cansancio y vicio, ¿no es lógico que sea el médico cristiano quién los detecte en sus pacientes? Existiendo espíritus que causan nerviosismo, ansiedad, angustia, depresión, desánimo, locura, celos, autodesprecio, inseguridad, suicidio y temor, ¿quién sino psiquiatras, psicólogos y consejeros deben identificarlos?

Somos nosotros (como psicóloga cristiana me incluyo) los que podemos descubrir la manera tan astuta que Satanás ha ideado para vestirse con traje de etiqueta científica, la versión moderna del milenario ángel de luz, y claro, en la era del cientificismo ¿qué mejor disfraz que éste?

Los clérigos tienen que darle el tratamiento a los que a ellos acuden, pero en esta época casi nadie relaciona la enfermedad física o psicológica con el mundo espiritual. Lastimosamente ni aun los clérigos, en su mayoría, saben reconocer y liberar a los cautivos. También ellos han caído en la trampa del cientificismo, remitiendo a los mencionados profesionales los pocos incautos que han tenido la "sencillez" y la ocurrencia de pensar que su mal era, quizás, de género espiritual.

Este libro es mi llamado a los profesionales de la salud cristianos a desarrollar su don de discernimiento espiritual. Si no lo tienen, pídanlo a Dios quien da a todos abundantemente. El está ansioso de que se dispongan a recibirlo.

No podemos evitar el tener contacto con los demonios. Los estamos topando a diario en nuestros consultorios, sólo que normalmente disfrazados. Mejor sería que supiéramos quiénes son los verdaderos causantes de tanto sintomatología obstinada y reacia a extinguirse. Es que ni los fármacos, ni las camisas de fuerza, ni los electrochoques van a expulsar a los demonios. Esto sólo lo logrará el cristiano que los enfrente en el nombre de Jesús.

No me tomen a mal, no quiero que interpreten que afirmo que detrás de todo síntoma hay uno o varios demonios. Eso sería un error garrafal. Pero sí creo que se esconden tras muchos síntomas renuentes a desaparecer.

He encontrado que estos casos en los que la ciencia ha fracasado y ha sucumbido a la etiqueta de "incurable" o "deshauciado." encuentran curación en Jesús.

Hace cuatro años, cuando comencé a descubrir que

Satanás se escondía tras muchos síntomas físicos y psicológicos, tomé la decisión de ayudar a desenmascararlo, de mostrar lo que es: un espíritu destructor con legiones de demonios a su servicio.

Estando a solas le informé que me vestiría con la armadura que Dios ha provisto a sus hijos y lucharía contra él por el tiempo que Dios me diera vida, no con armas humanas, sino "con el poder de Dios capaz de destruir fortalezas."

Bastó que tomara esta decisión para que los casos de personas endemoniadas comenzaran a llegarme. Dios se encargó de traérmelos, no fue necesario salir a buscarlos. Fue su manera de confirmarme que me aceptaba en su trabajo.

Para mí, la lucha apenas ha comenzado. Sobre la marcha estoy aprendiendo mucho, pero sé que más me resta por comprender, que lo que actualmente conozco. He tenido que librar algunas batallas personales contra el Rey de las Tinieblas. Otras vendrán después. Pero he experimentado en carne propia que "Dios es nuestro amparo y fortaleza, nuestro pronto auxilio en las tribulaciones."(Salmo 46:1). La promesa bíblica de que el diablo huirá de aquel que se somete a Dios y lo resiste, es veraz, al pie de la letra. Yo lo he vivido.

Los reto a ponerlo a prueba, a solicitarle a Dios los instrumentos requeridos para descubrirlo.

"¡El que tiene oídos, oiga lo que el Espíritu dice a las iglesias!" (Apocalipsis 3:13).

Si lo que aquí he expuesto puede servir de guía a otros que deseen seguir este camino, me doy por satisfecha. Lo que de verdad contengan estas páginas lo atribuyo a Dios. Los errores corren por mi cuenta.

Todos los nombres y datos que pudieran identificar a las personas cuyos casos han sido mencionados en este libro, han sido modificados. La única excepción es la de Gean Carlo (capítulo doce), quien, para gloria de Dios, está dispuesto a ser identificado.

1

Eugenia

—Necesito contarle a alguien estas cosas— me decía la joven temerosa.

—No tengo nadie más a quien decírselas. Ni siquiera sé si usted me va a creer o no, pero por lo menos confío en usted.

—Me interesa ayudarte— le respondí, tratando de alentarla a que continuara—. Cuéntame todo lo que quieras y luego analizaremos juntas el asunto.

—Todas las personas que entran a mi cuarto sienten un escalofrío muy raro —indicó—, también un olor muy extraño. Con frecuencia tengo sueños horribles, pesadillas que parecieran como si realmente estuvieran sucediendo. Anoche estaba acostada y mi cama se comenzó a mover sola. De repente escuché dos voces peleando. Hablaban en un idioma desconocido para mí, pero yo entendí que eran dos fuerzas peleando por mí. Me asusté mucho. Sentí que eran Dios y Satanás discutiendo acerca de quién era mi dueño.

Eugenia era, en aquel entonces, una muchacha de diecisiete años, una estudiante. Se notaba preocupada de que quizás yo iba a pensar que ella estaba "loca." Sin embargo, bastaba verla y oirla para darse cuenta de que no estaba demente. Lo que si era que estaba muy asustada a raíz de una serie de experiencias sobrenaturales que había estado viviendo.

En el transcurso de la conversación fui identificando los problemas psicológicos de Eugenia. Había sido violada a los cuatro años de edad por un tío. La familia había tratado de ignorar este hecho y lo había convertido en tema tabú. Nadie jamás le habló a Eugenia de lo ocurrido. Supongo que se imaginaban que al estar tan pequeña no había tomado conciencia real del hecho y que se le olvidaría al crecer.

Este abuso sexual que había sufrido a tan temprana edad, estaba mostrando ahora secuelas. Las otras jovencitas de su clase tenían ya sus primeros amigos y novios mientras que ella experimentaba un fuerte bloqueo emocional ante los jóvenes del sexo opuesto. Varios muchachos se habían interesado por ella y a ella también le gustaban. Pero cada vez que alguno trataba de acercarse demasiado, intentando ponerle el brazo sobre el hombro o tomarla de la mano, ella sentía una mezcla de temor y repulsión y ponía fin inmediato a la relación. Eugenia reconocía que esto no era normal y anhelaba poder superar este problema.

Una de las pesadillas que se repetía con cierta frecuencia entre sus sueños, la mostraba a ella con un muchacho que era su novio. Cuando él la iba a besar, ella abría los ojos y veía que la cara de su novio se había transformado en una cara de mujer que se carcajeaba burlonamente de ella por el engaño. Eugenia solía despertar empapada en sudor y sintiendo esa misma mezcla de temor y repulsión que experimentaba ante los hombres.

Le ofrecí a Eugenia que la podía ayudar en el campo emocional pero, a la vez, le indiqué que no tenía experiencia alguna en el área de fenómenos sobrenaturales como los que me había mencionado al prin-

cipio de nuestra conversación. Le dije que tendría
que conseguir ayuda por otro lado para esa fase es-
pecífica de su problema.

La joven indicó, entonces, que un pariente cercano de ella había tenido experiencias extrañas como
las suyas y después de someterse a un exorcismo con
un pastor evangélico, había cambiado muchísimo.
Eugenia tomó la decisión de buscar al mismo pastor
para ayudarla en este aspecto espiritual.

A la semana siguiente, me comunicó que ya había tenido una sesión de tres horas con ese pastor
y que ahí se habían identificado cuatro demonios que
habían salido de ella. Yo estaba muy interesada en
que me contara esta experiencia en detalle, pues todo esto era totalmente nuevo para mí.

—El pastor me fue mostrando ciertos pasajes bíblicos —dijo Eugenia—, de como Jesús había venido
a la tierra para deshacer las obras del diablo y librar-
nos de su influencia. También me dijo que toda persona que cree en Jesús como Hijo de Dios tiene poder para hacer frente a Satanás y a los demonios.
Hizo una oración y después comenzó a ordenar a los
demonios que estaban en mí que dieran sus nombres.
Aunque era mi boca la que se movia, yo no tenía
ningún control sobre lo que decía. Yo estaba perfectamente consciente de lo que estaba pasando pero no podía intervenir. Era como si yo fuera una es-
pectadora dentro de mi propio cuerpo.

—En varias ocasiones, —continuó Eugenia—, traté
de decir algo pero no pude porque había otra personalidad hablando por mi boca. Recuerdo que en cierto
momento sentí dentro de mi una rabia tremenda
contra el pastor. ¡Quería despedazarlo! Pero no era
yo, pues no tenía ningún motivo para estar brava con

él. Era esa fuerza la que lo odiaba. Mi cuerpo se fue encima del pastor y comencé a pegarle y a despeinarlo. Yo trataba de no hacerlo. Me moría de vergüenza con el pastor pero no podía controlarme. El sostuvo mi mano y le ordenó al demonio que se calmara y que yo me sentara. Y eso fue lo que hizo. Yo podía sentir a la vez mis propios sentimientos y los del demonio.

—Cuando el demonio hablaba, se refería a mi como una persona aparte a él. Dijo que él me producía las pesadillas de contenido recurrente. Cuando el pastor le preguntó cómo y cuándo había entrado en mí, el demonio respondió que había sido cuando ese hombre había abusado de mí. Explicó que había aprovechado ese trauma para entrar en mí y causarme aversión a los hombres. Exclamó que él quería arruinarme la vida, que no iba a dejar que yo fuera feliz con ningún hombre y que iba a bloquear cualquier relación con los hombres.

—El pastor ordenó que saliera de mí, que se fuera. El demonio gritaba que no se iría pero con la insistencia del pastor yo podía sentir cómo el demonio se iba debilitando. En cierto momento el demonio comenzó a rogar que no lo echara, que le permitiera seguir allí pues le gustaba vivir en mí. El pastor le volvió a ordenar que saliera y de pronto sentí que un viento salió de mí. Inmediatamente ocupó su lugar otra fuerza con una personalidad diferente.

—Comencé a sentirme como una niña asustada y temblaba de miedo. Todo esto yo lo sentía dentro de mí pero estaba consciente de que no era yo. Yo simplemente experimentaba lo que sentía el demonio que estaba en mí. Este demonio contó experiencias de miedo que yo había vivido. Conforme las mencionaba yo iba recordándolas y sintiendo el miedo que había experimentado en el momento en que las había vivido. El pastor citó un pasaje bíblico que dice: "el perfecto amor echa fuera el temor." (1 Juan 4:18). Cuando dijo eso, el demonio se estremeció. Yo pude percibir cómo él mismo sentía temor ante esas palabras.

—El pastor insistió: "Cristo, el perfecto amor, te echa fuera, Temor. Vete en el nombre de Jesús." Mi cuerpo temblaba y las lágrimas me corrían por las mejillas. Por fin sentí que ese también se había ido y le dí gracias a Dios, en mi espíritu.

—De nuevo sentí el cambio dentro de mí, al manifestarse un tercer espíritu quien se identificó como "Odio." Dijo que él me inyectaba odio por las personas, especialmente por las que me habían dañado. Odio por el tío que me violó. Odio por mis padres por no protegerme. Odio por una maestra que me pegó en la escuela. Odio por una profesora que no me ayudaba.

—En ese momento yo sentía que todo mi ser destilaba odio, como que el odio personificado estaba en mí y me permeaba. El pastor dijo: "Dios no quiere que Eugenia odie."

—Sí —respondió el demonio de odio— pero yo la obligo a odiar y ella quiere odiar.

—¿Por qué dices eso? —preguntó el pastor.

—Ella no ha perdonado a esas personas que la perjudicaron y por eso no me tengo que ir. ¡De aquí no salgo!

—Entonces el pastor le ordenó devolverme el control para poder hablar conmigo. En fracción de segundos volví a ser yo misma y pude hablar.

—El pastor me preguntó si yo había escuchado lo

que había dicho el demonio. Le dije que sí. El me habló de la necesidad de perdonar a todas las personas. Explicó que esa falta de perdón servía para que ese demonio estuviera fuerte dentro de mí. Dijo que yo tenía que perdonar para que ese demonio de odio se fuera.

—Le dije que yo estaba dispuesta a perdonar con tal de que se fuera, pero que sentía mucha cólera cuando recordaba esas cosas. El me aseguró de que Dios me quitaría ese sentimiento si yo obedecía su mandato de perdonar. Me guió en una oración de perdón que yo repetí tras él. Me sentí muy tranquila, como aliviada.

—Entonces el pastor se dirigió de nuevo al demonio, ordenándole irse, ya que su raíz había sido quitada, y el demonio se fue inmediatamente sin poner resistencia.

—El cuarto demonio que habló dijo que él era "Culpa." Dijo que él hacía que me sintiera sucia y culpable por lo que me habían hecho. El se encargaba de estar trayendo imágenes a mi mente para recordarme lo que había pasado y me hacía sentirme sucia, haciéndome pensar de que ningún hombre podía quererme después de eso.

—El pastor citó varios pasajes bíblicos sobre el perdón de Dios y sobre la promesa de limpiarnos de toda suciedad. Sentí cómo estas palabras hacían sufrir al demonio. El se sentía derrotado al escucharlas.

—El pastor dijo: "Estás vencido, Culpa. Reconócelo y vete." Culpa dijo que no quería irse. Cada vez que el pastor le daba la orden, él se negaba. Sin embargo, sentí cómo se iba debilitando hasta que por fin dijo: "¡Bueno me voy por ahora, pero después voy a volver!" El pastor le dijo que le prohibía vol-

ver a mí. Luego oró, pidiéndole a Dios que me protegiera y sentí que esa fuerza poco a poco se desva-
necía y yo fui recobrando las sensaciones normales
de mi cuerpo.

—Todo fue de lo más increíble —comentó Eugenia—. Cuando todo terminó me sentí como agarro-
tada pero con muy buen ánimo. Me he sentido de
lo más bien. Ya se quitaron las cosas raras en mi
cuarto y me siento bien estando allí.

Yo me había limitado a escucharla con mucha atención. Me impactó su relato. Algo dentro de mí me
dijo que yo tenía que averiguar más sobre esto. Le
pedí el número telefónico de ese pastor para hablar
con él. Tomé la decisión ahí mismo de investigar
lo que él hacía y de hablar con otras personas que
hubieran tenido experiencias en este tipo de fenómenos espirituales, pese a que todo esto me producía un temor indescriptible.

2

El Pastor con el Ministerio de Liberación

Al día siguiente llamé al pastor. Le pregunté por lo que había sucedido en la sesión de Eugenia y me habló muy abiertamente sobre el asunto. Luego me aventuré a preguntarle algo más: —¿Permitiría usted que yo lo observara trabajando en algún caso?

Hubo unos segundos de silencio y luego respondió: —Creo que no habría problema en arreglar eso. Algunas de las personas con las cuales estoy trabajando darían su consentimiento de que estuviera presente si yo les explico que usted es psicóloga.

Casi brinco de alegría, aunque debo confesar que también había en mí una gran dosis de miedo. Me preguntaba si estaría preparada para ver esas cosas, si me afectarían en alguna forma.

Yo había sido formada en la fe cristiana. En algunas ocasiones había escuchado, en la iglesia, los relatos de misioneros que habían estado en Haití, Brazil y Colombia. Contaban de sus luchas espirituales en casos de posesión demoníaca. ¡Sus experiencias eran escalofriantes! Comencé a dudar de que yo estuviera lista para estar cara a cara con un caso de estos; pero mi determinación de averiguar más de todo esto me impulsó hacia adelante.

Mi entrenamiento psicológico comenzó a intervenir en el asunto.

—¿No será que por falta de conocimiento psicológico esta gente clasifica mal estos casos? ¿No es factible que estos fenómenos tengan su diagnóstico científico y que estos pastores y ministros sencillamente lo ignoran? ¿Y qué si resulta ser cierto que los demonios pueden entrar en algunas personas y manejarlas a su antojo? ¿No sería responsabilidad mía como psicóloga y cristiana averiguarlo? ¿No debería estar más enterada de estos fenómenos para poder identificarlos si llegan a mi consultorio disfrazados de enfermedad mental? ¿Cómo se puede distinguir a un endemoniado (si es que existe) de un psicótico o serán la misma cosa? ¿Cuáles son las características de un endemoniado?

Pregunta tras pregunta me asaltaba. No podía detener la avalancha de interrogantes que se me venía encima. Me sentía como si estuviera a punto de abrir la caja de Pandora, pero la indecisión y el temor luchaban por frenarme.

El pastor acordó avisarme cuándo podía llegar a su oficina en la iglesia para observar la liberación de una persona endemoniada. Me ofreció que, mientras tanto, podía pasar a su oficina a retirar una grabación de una sesión para que me familiarizara con el proceso. ¡No podía creer lo abierto que él estaba siendo conmigo!

Esa misma tarde pasé por su oficina para recoger el cassette. En la noche lo escuché. Era una grabación de dos horas de duración. La escuché dos veces seguidas, mi atención cementada en ella. Cuando escuché las primeras palabras dichas por el supuesto demonio, se me erizó todo el cuerpo. Me dije a mi misma:

—Estoy escuchando por primera vez la voz de un

espíritu. ¡Qué horror! ¡Yo no sabía que uno podía oirlo hablando!

De inmediato se interpuso de nuevo mi mentalidad científica.

—¡Esto es terrible! A esta pobre mujer la tienen que haber sugestionado para creer que está poseída y esta manera de expresarse es simplemente un síntoma de su enfermedad. Sufre de delirios. Está convencida de que el diablo está en ella y por eso actúa así.

Pero seguía escuchando la grabación. Cada vez me asombraba más de lo que decía el supuesto demonio. La violencia y el odio que destilaban sus palabras me aterraban. La forma en que se referían a la mujer como la dueña del cuerpo que ellos estaban ocupando, me parecía tan extraña. Si ella estuviera hipnotizada y fuera su inconsciente el que estuviera hablando, debería estar hablando en primera persona, pero no lo hacía. Se referían a sí mismos como "nosotros" y a la mujer como "ella."

—¿Será un caso de personalidad múltiple como el relato en "Las tres caras de Eva" o el de "Sybil"? —me preguntaba. Pero, ¿por qué dicen ser espíritus en lugar de presentarse como otras personalidades, cada cual con su nombre propio? ¿Por qué la voz dice: "Somos una legión satánica" en lugar de decir "soy una de varias personalidades distintas"?

Cuanto más escuchaba, mayor era mi confusión. No le encontré una explicación racional a lo que oía. Sin embargo, continué escuchando el relato del supuesto demonio.

—Su abuelita le ponía unas semillitas en la blusa para protegerla de las fuerzas malignas. Ahí entré yo. Adela tenía cinco años. ¡Que idiota esa vieja!

Creía que la estaba protegiendo con sus supersticiones. Eso está contra Dios. Eso fue lo que me permitió entrar en la niña. Y me gusta estar aquí. Me gusta hacerla sufrir. ¡Yo la atormento, y eso lo disfruto!

—Pero ya tu trabajo se acabó —replicaba el pastor. Cristo vino a liberarla. Tienes que irte.

—Yo no me voy todavía. Lo haré cuando a mi me dé la gana y no cuando tu digas —gritaba esa voz desafiante.

—Tú te vas cuando **yo** lo ordeno porque tú estás atado. Soy **yo** quien dice qué vas a hacer, porque yo tengo la autoridad de Jesús y tú sabes que tienes que obedecer, —respondía el pastor con firmeza.

—¡No quiero!

—No te pregunté si querías hacerlo. Te lo ordené.

Luego toda esa altanería se derretía y se tornaba en súplica.

—Por favor no me eches de aquí. ¿Adónde voy a ir? Déjame seguir aquí un poco más. Yo casi no la molesto.

—Véte, en el nombre de Jesús.

Se oían fuertes sollozos.

—No quiero. Por favor. No quiero volver al abismo. Es oscuro. ¡Es horrible! No quiero volver ahí.

—Tu llanto no me conmueve. Has hecho mucho daño. Te ordeno irte **ya** —insistía el pastor.

—Es muy tarde. Vámonos ya. A ti te están esperando en tu casa. Ya tú estás cansado. Déjame en paz —gemía la voz.

—Vete en el nombre de Jesús. No me vas a convencer. No me voy de aquí hasta que salgas de ella. No me vas a engañar.

—Bueno, está bien. Me voy, pero me meto en el

esposo de Adela y lo enfermo.

—No te lo permito. Te vas directo al abismo, en el nombre de Jesús.

—¡Ay! Ya me tienes harto con ese nombre. Ya me voy porque estoy aburrido de oírte.

—Sí, ya vete.

—Ya.

Sonaba como si Adela recobraba el sentido en ese momento pues el pastor le decía:

—¿Cómo se siente, Adela?

Ella respondía:

—Cansada, pero muy bien. Tengo la mente un poco confusa. Todo me da vueltas.

—Sí, es normal —indicaba el pastor.

—Pero me siento muy aliviada, como más liviana.

—¿Usted sintió cuando salió? —le preguntó el pastor.

—Sentí un dolor en el pecho y luego se me quitó. Ahí fue cuando pude hablar y abrir los ojos. Ay, gracias a Dios. ¡Bendito sea el Señor!

3

Dinorah

—¿Conoce usted a alguien que sepa de liberación? —indagó una mujer. —Creo que yo lo necesito.

—Sí, precisamente estuve hablando el otro día con un pastor que ayudó a una muchacha que conozco a liberarse —le respondí.

—¿Podría usted pedirle una cita para mí? —preguntó Dinorah.

—Sí, voy a hablarle y vamos juntas. Yo quiero estar presente. ¿Le parece?

—¡Claro! Me sentiría mejor si usted fuera conmigo —exclamó ella.

Llamé al pastor a la mañana siguiente y le pedí cita para Dinorah. El accedió a verla y a que yo estuviera presente para observar su trabajo.

A partir de esa conversación telefónica, la mañana se me hizo eterna. Tuve que esforzarme mucho para lograr concentrarme en las palabras de mis pacientes. Ellos tenían derecho a que les prestara toda mi atención, pero se me hacía difícil debido al torrente de pensamientos y emociones que fluían en mí a raíz de la posibilidad de observar la muy esperada sesión de liberación. Por fin iba a ver por mí misma lo que ocurría en estos sucesos. Iba a poder evaluar más objetivamente los hechos.

El martes a la hora concertada, me dirigí a la iglesia. Entré y caminé a la oficina del pastor. Toqué la puerta, la empujé y me asomé. El pastor me invitó a pasar. Dinorah ya estaba ahí y ellos estaban conversando. Una vez que me senté, él siguió con el estudio bíblico que le estaba dando. Le pedía a Dinorah leer ciertos pasajes en voz alta y luego traducir lo leído, a sus propias palabras. A ella se le hacía un tanto difícil entender lo que leía. Decía que se sentía algo nerviosa y que se le nublaba la vista al tratar de leer.

Yo me senté en una esquina del cuarto mientras el pastor le hablaba a Dinorah sobre el propósito de la venida de Jesús a este mundo. Indicó que no era sólo para salvarnos y perdonar nuestros pecados sino además para darnos poder para defendernos de los demonios y de los ataques de Satanás.

Era evidente que había dentro de ella una gran incomodidad que le dificultaba la concentración. Sin embargo, con la paciencia y la comprensión del pastor, ella lograba captar el mensaje.

—No sé por qué me siento tan asustada y por qué me cuesta concentrarme. A mi me gusta mucho leer la Biblia, pero ahora lo que estoy sintiendo es casi un rechazo por leerla —comentó Dinorah.

—No se preocupe —le indicó el pastor tranquilizándola. —Eso es normal en estos casos. Esa incomodidad que está sintiendo no es suya, es más bien de lo que está en usted. Esos espíritus saben que lo que estamos haciendo va en contra de ellos y se dan por aludidos.

Finalizado el estudio bíblico, el pastor dijo:

—Muy bien, ahora vamos a reprender. Vamos a enfrentar a esos demonios, ordenándoles que se vayan. Siéntese cómoda y vamos a comenzar.

—Padre Celestial, te pido que liberes a Dinorah

de estos espíritus malignos que la están atormentando. Te lo pido en el nombre de Jesús.

—Y ahora, le estoy hablando a estos espíritus que están ocultos en esta mujer. En el nombre de Jesús, les ordeno que se manifiesten. Quiero hablar con ustedes.

Dinorah estaba en actitud de oración, con los ojos cerrados. En eso abrió los ojos y dijo desafiante:

—¿Qué quieres de mi? ¡No me molestes!

Mi corazón dió un salto y un escalofrío me subió por la espalda.

—¿Quién eres? —demandó el pastor.

—Yo. ¿Quién va a ser? —respondió en son de burla.

—Dame tu nombre —insistió el pastor.

—Soy Nervios.

—¿Qué haces en ella?

—¿No estás viendo que la hago temblar? Mira como tiembla.

—Sí, pero tú tiemblas ante el nombre de Jesús. ¿Quién es Jesús, Nervios?

—No lo conozco.

—Jesús es el Hijo de Dios, y tú lo conoces.

—Sí, ya sé.

—Entonces, ¿por qué lo negaste?

—No me gusta hablar de él.

—¿Para qué vino Jesús, Nervios?

—Para molestarnos a nosotros, y tú también me estás molestando.

—¿Quién es "nosotros"? ¿Quién más está contigo?

—Pregúntales a ellos. Yo sólo te digo el nombre mío.

—Te ordeno, en el nombre de Jesús, que me digas los nombres de los otros demonios.

—Están Depresión y Magda —respondió la voz proveniente de Dinorah.

—¿Quién es Magda? —indagó el pastor.

—Una bruja que la tiene atada. Le hizo un entierro para destruir su matrimonio.

—¿Magda te mandó?

—Sí, y a mi me gusta aquí. La mortifico. Ya casi terminé mi trabajo. ¿No vez cómo la tengo? Gorda, fea y tonta. No la dejo leer. Ella antes leía mucho y era muy inteligente, pero ahora, cuando trata de leer, le enredo la mente, la confundo. Ya el esposo está pensando en dejarla. Lo tengo todo listo para deshacer el matrimonio.

—¿Quién le pagó a Magda para que hiciera ese trabajo?

—La suegra y la cuñada. ¿No vez que ellas no querían que él se casara con ella?

—Nervios, tú conoces la Biblia, ¿verdad?

—¡Claro, mejor que tú!

—Entonces sabes que la Biblia dice que todo lo que atemos en la tierra quedará atado en el Cielo y que todo lo que desatemos en la tierra será desatado en el Cielo. (Mateo 16:19)

—¡Cállate, no quiero oir eso!

—No te gusta oir la Biblia porque es la Palabra de Dios y porque tiene poder sobre tí.

—No me gusta, ¿y qué? No voy a oir más.

Las manos de Dinorah taparon fuertemente sus oídos.

—No voy a oir. No oigo nada.

Se puso a cantar con las manos en los oídos.

—¡Baja esas manos! —ordenó el pastor.

—¡No quiero! —exclamó. Sin embargo, las manos de Dinorah bajaron a su regazo.

—Yo desato a Dinorah del poder de la brujería, en el nombre de Jesús.

—¡No! ¡No! —gritó la voz.

—Y a tí, Magda, espíritu de hechicería, te ato y te ordeno salir de ella, en el nombre de Jesús.

La cara de Dinorah se volvió hacia la esquina donde yo estaba y me señaló con el dedo.

Yo estaba todo lo pálida y atemorizada que podía estar en ese instante y tuve el impulso de salir corriendo. Sentí pánico.

—Señor —clamé en mi espíritu. ¡Protégeme! ¿Para qué vine aquí? Yo no estoy preparada para presenciar esto. ¡Tengo mucho miedo!

—No —interrumpió la voz del pastor. Ella es hija de Dios. No puedes entrar en ella.

Esto lo dijo con mucha calma, lo cual me sorprendió sobremanera. Pude captar que a él no le afectaban estas cosas.

—¿Cómo puede alguien acostumbrarse a esto? —me pregunté horrorizada.

—Vete al abismo —continuó el pastor.

—¡No! ¡Ahí no! —reclamó la voz.

—Te vas al abismo ahora mismo, en el nombre de Jesús.

Dinorah bostezó fuertemente. Lo hizo varias veces mientras el pastor insistía:

—Eso es. Sal completamente de ella. Al abismo. En el nombre de Jesús. Gracias, Señor, porque estás liberando a Dinorah.

Hubo unos momentos de calma y luego el cuerpo de Dinorah comenzó a temblar incontrolablemente. Las lágrimas corrían por sus mejillas. Fuertes sollozos estremecían su cuerpo.

—¡Ay, ay! ¡Tengo miedo!

—¿Quién eres? —demandó el pastor nuevamente.

—Miedo.

—¿Cuánto tiempo llevas ahí?

—Veinte años.

—¿Cómo entraste?

—Un perro la mordió cuando tenía tres años. Se asustó mucho. Ahí entré yo.

—¿Entraste sólo? —inquirió el pastor.

—Con Nervios. Trabajamos juntos. Yo la asusto todo el tiempo, con muchas cosas. Disfruto sus miedos. Me hacen fuerte. Nervios la hace temblar y tener palpitaciones. La marea. Yo le digo que no salga a la calle. Eso la asusta mucho. Por eso ya no trabaja ni va a ninguna parte.

—¿Quién es Jesús, Miedo?

—Tú ya sabes. ¿Para qué quieres que te diga?

—¿Quién es más fuerte, tú o él?

—El, pero yo también soy fuerte.

—Ya no, porque te estoy atando, en el nombre de Jesús, y te estoy quitando el poder. ¿Sientes la atadura?

—¡Maldito! ¡Ya verás! Espera a que nos volvamos a encontrar.

—Te echo fuera en el nombre de Jesús. No me amenaces porque nada puedes hacerme.

—Ya me voy. Ya no aguanto más.

—Sí, vete al abismo. Estás derrotado.

Dinorah suspiró fuertemente y su cuerpo dejó de temblar. Miró al pastor y le preguntó:

—¿Ya?

—Sí, ya salió.

—¡Qué raro todo esto! —exclamó Dinorah. Yo podía oir todo lo que decían pero no era yo. ¿Cómo es posible que de veras existan estas cosas? Yo vine por insistencia de una amiga, pero no lo creía. Me decidí sólo por lo mal que he estado, pero en realidad no creía que fuera posible.

—¿Pero cómo puede ser que una cristiana tenga demonios? El Espíritu Santo está en mí y siempre me han dicho que no pueden vivir juntos los demonios y el Espíritu Santo.

—Esa pregunta me la han hecho mucho —dijo el pastor. Yo mismo pensaba así antes de conocer estos fenómenos. Pero dese cuenta de que es una doctrina equivocada. Si hablan a través de su boca y mueven su cuerpo, es porque están dentro de usted en alguna forma.

Por esto es que usted no se curaba, aun cuando le pedía a Dios que la sanara. Es que no era una enfermedad. Eran demonios que vivían en usted y la manejaban desde su mente. Los demonios se van cuando uno los echa en el nombre de Jesús. Por eso es necesaria la liberación. Hasta que ellos no salieran, usted no podía experimentar la paz de Dios en su vida.

Recuerde que la Biblia habla de Satanás como el ladrón que viene a matar, robar y destruir. Pero Jesús dijo: ''Yo he venido para que tengan vida, y para que la tengan en abundancia.'' (Juan 10:10)

Si un cristiano no tiene la victoria sobre los problemas, no puede tener vida en abundancia. Quiere decir que algo o alguien se la está robando, y ese algo o alguien es, muchas veces, un demonio. Por algo dice la Biblia: ''Resistid al diablo, y huirá de vosotros.'' (Santiago 4:7)

Si usted quiere que Satanás y los demonios no la molesten, tiene que resistirlos en el nombre de Jesús. Con ignorarlos no se van a ir. Al contrario, si usted los ignora, les da la oportunidad de trabajar a su antojo.

—Esto nadie me lo había enseñado y eso que tengo años de conocer al Señor. ¿Por qué esto no lo enseñan en las iglesias?

—Pues en esta iglesia si se enseña. Pero es cierto que la doctrina de Satanás y de los demonios ha sido distorsionada e incluso desechada del todo, en algunas iglesias. Ya casi nadie cree en la existencia del diablo y de los espíritus inmundos. Esto lo digo refiriéndome tanto a la iglesia evangélica como a la católica. Y créame que al diablo le sirve mucho que crean que no existe. Así pasa desapercibido y casi nadie lo enfrenta.

La otra idea que a Satanás le conviene también, es que hay que tenerle miedo. Eso es totalmente falso. La Biblia nos asegura que más poderoso es el que está en nosotros, o sea Dios, que el diablo. (1 Juan 4:4). Nosotros tenemos poder sobre él, si es que creemos en Dios. Más bien el diablo nos teme a nosotros y nos obedece, si lo enfrentamos en el nombre de Jesús.

Hay gente que cree que si uno no se mete con el diablo, él no se mete con uno. Eso también es un engaño. Al diablo le interesa destruir todo lo que Dios ama. Es más, le interesa más destruir a un cristiano que a un no cristiano porque el cristiano representa una amenaza para él y porque es propiedad de Dios.

El diálogo se había terminado aqui. Era tarde. Dinorah se despidió y se fue para su casa. Aquella noche yo no habría de dormir. El impacto de esta experiencia había calado muy hondo en mí como para poder desecharla de mi mente para dormir. Pasé muchos días intentando digerir todo aquello que presencié ese día.

4

Ahora le toca a usted, Rita

Al finalizar esa sesión en la que fui una observadora muy interesada pero, a la vez, muy asustada, este pastor me hizo un gran favor que, en ese momento yo experimenté como todo lo contrario. Después de haberse ido la mujer a la que se le había hecho la liberación, el pastor se volvió hacia mí y me dijo con mucha naturalidad.

—Muy bien, Rita. Ya vió como se hace. Usted es cristiana. Como hija de Dios usted tiene la misma autoridad que tengo yo para echar demonios. La Biblia es clara en cuanto a eso. Dice que todo el que cree, en el nombre de Jesús echará fuera demonios (Marcos 16:17). Ahora le toca a usted. Ya puede seguir sola. Si le llega un caso de estos, usted puede enfrentarlo.

Me le quedé mirándole perpleja. Al principio creí que era una broma de mal gusto, pero al estudiar su expresión facial, se me vino abajo la esperanza de que así fuera. ¡Hablaba en serio!

No le contesté nada porque realmente no se me ocurrió qué decirle. Dentro de mí había una tormenta emocional. Ese comentario era la último que esperaba escuchar de él en ese momento. Obviamente no se daba cuenta del pavor que estaba sintiendo a raíz de lo que había presenciado. O quizás mi rostro sí lo reflejaba y fue precisamente por eso que me

41

lo dijo. En todo caso, estoy convencida de que me lo hizo por inspiración divina, porque fue precisamente lo que me dio el valor para iniciar mi viaje personal rumbo a lo desconocido de este mundo espiritual.

Recorrí las librerías cristianas en busca de libros sobre demonología y satanismo. Me los devoraba en mis ratos libres y hasta altas horas de la noche. Se había desencadenado en mí un hambre insaciable de saber cuáles eran esas obras del diablo que Cristo había venido a deshacer. (1 Juan 3:8).

Me preguntaba por qué, en todos los años de educación cristiana que había recibido mientras crecía, jamás me habían enseñado sobre estas cosas. La teología en torno a los demonios brillaba por su ausencia. Hasta ahora me percataba de ello. Satanás debía estar muy contento de esto. Pero yo estaba decidida a reponer el tiempo perdido en el menor plazo posible.

Por esa época, tuve contacto cercano con otro psicólogo cristiano. Le pregunté si sabía algo sobre este campo. En respuesta me contó que una vez lo habían llamado a una casa con urgencia, puesto que una muchacha estaba trastornada.

—El entrar a la casa —me dijo este colega,— y ver el estado en que estaba la joven, comencé a reprender ''por si acaso,'' pero no pasó nada.

Sus palabras me impactaron. Aquello me chocó tremendamente.

—¿Cómo un psicólogo puede comenzar a reprender ''por si acaso''? —me preguntaba. ¿Qué sucede si la persona no está endemoniada, si está mentalmente enferma? ¿No sería peligroso esto de reprender tan a la ligera? ¿No sería esto sugestionarla a

que tiene un demonio que la está controlando? ¿No
conduciría esto a agravar su estado?

No, aquello no iba conmigo.

—Tiene que haber una mejor manera —medité.
Una manera más responsable, más organizada o,
incluso, más científica, aunque la palabra ''científica'' me sonaba extraña en este contexto. Nunca había leído una investigación científica de este tema.

—Tiene que haber un método, una forma más con-
fiable, cuyos resultados puedan evaluarse —pensé.
Me prometí a mi misma no descansar hasta
descubrirla.

5

El empujón de Dios

Dios no fue muy benigno conmigo. Decidió "echarme al agua" mucho antes de que yo sintiera que estaba preparada para hacerlo. No me dio tiempo de hacer todas las investigaciones que tenía proyectadas.

No obstante, confío en la sabiduría de Dios al hacer las cosas. El me conocía bien. Sabía lo cobarde que era. No me gustaban los riesgos. Jamás daba un paso sin antes estar segura del resultado de darlo. Tuvo que darme un empujoncito, el cual estuve lejos de agradecerle en el momento. Todo lo contrario. ¡Le reclamé como nunca! Pero El hizo lo que tenía que hacer.

Una noche estaba finalizando la consulta con una mujer creyente. Como era mi costumbre con personas que creen en Dios, estaba cerrando la sesión con una oración, entregándole a Dios todo lo que ahí había surgido y pidiéndole que llevara la terapia a feliz término. Un impulso me había llevado a tomarla de la mano mientras oraba por ella. Había percibido que necesitaba un apoyo especial en aquel momento, un contacto humano.

Apenas había iniciado la oración y estaba intercediendo ante Dios para que la ayudara a superar el temor y los nervios que la agobiaban. En eso la mujer empezó a interrumpirme. "¡Qué extraño!" pensé. Entonces caí en cuenta de lo que me estaba diciendo:

—Ella es mía. Yo no me voy a ir. Estoy muy bien viviendo aquí. Deja de molestar. ¡No seas necia!

Un escalofrío tremendo me subió por la espalda. Mi cuerpo entero se erizó. Abrí los ojos. La mujer seguía en actitud de oración pero esa voz continuaba hablándome por su boca. Me dí cuenta de que aún la tenía tomada de la mano. No hallaba qué hacer. Mi primer impulso fue soltarle la mano y tirarla lejos de mí, pero algo dentro de mí me detuvo.

—Si lo haces, —me decía una voz interna, —el demonio va a saber que le tienes miedo y se va a aprovechar de eso.

—Pero si no lo hago —respondía en mi interior, —voy a morirme del susto aquí mismo. ¡Siento como que tengo la garra del diablo en mi mano!

—Contrólate —me decía esa voz interna. Recuerda lo que dijo el pastor. Tú tienes la autoridad de Dios. ¡Usala!

—¡Señor! —clamé reconociendo esa voz dentro de mí. No me abandones ahora. Te necesito aquí conmigo. Dame fuerza.

El esposo de la mujer estaba en el cuarto. El estaba perplejo.

El demonio seguía hablando. Al menos ya me había percatado de que era un demonio. Era un primer paso, ¿no? Había podido reconocerlo.

—¡Cállate, cállate! —me decía. Deja de orar por ella. Yo no pienso moverme de aquí. No voy a dejar que me vengas a echar a perder las cosas.

Me armé de todo el valor que pude (que no era mucho, por cierto), y me lancé a enfrentarlo.

—¿Cómo te llamas? —le demandé.

—Nervios. Soy Nervios. Pero no estoy solo. Somos muchos y tenemos **mucha** fuerza.

—¿Cómo entraste, Nervios?

—Yo vivo aquí. Esta es mi casa.

—¡Contéstame! ¿Cómo entraste en ella? —le exigí.

—Por muchas cosas. Ella es muy débil. Es muy fácil para mí.

—¿Cuál es tu propósito en ella?

—Queremos destruirla. Queremos que su esposo se aburra de ella y la abandone.

No me atreví a quitarle los ojos de encima para mirar a su esposo. Sentía pavor de que la mujer se me abalanzara aun cuando no daba ninguna señal de que fuera a hacerlo.

—Pues no van a lograrlo, —respondí. Salgan de ella, en el nombre de Jesús.

—No, no me voy. Yo soy fuerte.

—Más que yo —pensé en mis adentros. Sin embargo continué:

—Más poderoso es el que está en mí.

—Sí, pero yo también soy muy fuerte. Vamos a ver quién gana —dijo retándome.

Mi mente corría aceleradamente. Mi esposo estaba por llegar a recogerme. No había nadie más en el edificio como para abrirle la puerta.

—Es hora de cortar. ¿Qué hago? —me pregunté.

Me vino un impulso y lo seguí.

—Devuélvele el control de su mente para que ella pueda irse —ordené con firmeza, aunque por dentro temblaba de miedo.

En eso la mujer abrió los ojos y preguntó:

—¿Qué pasó?

Daba la impresión de estar despertando de un sueño profundo. No sabía qué decirle. Miré a su esposo y le pregunté:

—¿Usted se dio cuenta de lo que sucedió?

—Bueno —dijo él, oí todo, pero no sé bien de qué se trataba.

—Yo tengo que irme ya. Es muy tarde. Mejor hablamos de esto mañana —le dije evitando entrar en una larga explicación para la cual no me sentía preparada. Ellos estuvieron de acuerdo y se marcharon.

Por unos instantes me sentí aliviada pero en eso pensé:

—¿Y si alguno de esos espíritus salió y está por aquí flotando?

Con ese pensamiento me desaté en un temblor. Tomé la Biblia de mi librero y la así fuertemente con ambas manos. Me abracé de ella intentando sentir la presencia de Dios en ella.

—¡Señor! —supliqué. Que mi esposo no tarde.

Caminé por el pasillo hasta la puerta del edificio y la abrí. ¡Nada! Aun no había llegado. Regresé a mi oficina abrazando mi Biblia.

—¡Ay, Señor! Por favor dime que ningún espíritu malo está por aquí, ni me va a hacer nada, ni se me va a meter a mí.

¡Sentía un miedo espantoso! En eso escuché la bocina del carro. ¡Era mi esposo! Corrí hacia la puerta, salí del edificio y entré en el auto, todavía sujentando la Biblia.

—¡Gracias a Dios! Gracias por hacerlo llegar.

6

Inicio de mi Ministerio

Varias veces intenté volver a conversar con el pastor que me había permitido observar la sesión de liberación, pero él estaba en una época de mucho trabajo. Más adelante habría de darme cuenta de que esto era lo normal para toda persona que ministra liberación espiritual.

Luego de varios fracasos en comunicarme con él, desistí. El no tenía tiempo de atenderme por la carga de trabajo tan pesada que tenía. Esto me obligó a buscar otros recursos. Quería observar de primera mano cómo era que otras personas trataban estos casos.

Una amiga a la cual había conocido en un estudio bíblico me contó sobre su propia liberación. Su relato me impactó muchísimo. Me indicó que a veces ella iba al grupo donde la habían ayudado a liberarse y ofreció llevarme con ella. La acompañé varias veces pero ocurrió algo que me ahuyentó de ahí.

Me había llegado una cliente en muy mal estado de salud mental. Me contó muchas experiencias sobrenaturales que había vivido. Por su historia, me enteré que necesitaba liberación. Traté de ubicar de nuevo al pastor cuyo trabajo conocía pero no lo conseguí. Así que, por la urgencia del caso, decidí arriesgarme con este grupo.

Le pedí a una mujer del grupo que me acompañara a la casa de la cliente, quien para entonces estaba en cama, no podía levantarse. Solamente íbamos a orar por ella y a invitarla para que viniera al grupo, cuando pudiera, para ser ministrada en sanidad interior y liberación.

Se presentó un problema ya que la hermana de mi cliente se atrasó demasiado al venir por nosotras. Yo había entendido que venía a recogernos en carro, pero resultó ser un autobús. Para cuando llegó ya era la hora en que yo tenía que irme para mi casa. Para evitar que la hermana de mi cliente perdiera el viaje, le pedí a la señora que me iba a acompañar, que se fuera con esa mujer a hablar un poco con mi cliente e invitarla a la oración. Ella accedió y partieron juntas.

Al día siguiente llamé a mi cliente para averiguar cómo estaba y cómo le había ido la noche anterior con la visita de la señora. Al hacerlo, me llevé una sorpresa muy desagradable.

La madre de mi cliente fue la que me contestó el teléfono y me informó que la visita de esa mujer había sido un desastre. La señora no se había limitado a visitarla e invitarla al grupo sino que había decidido tomar ciertas iniciativas cuyo resultado había sido catastrófico.

Yo le había explicado a esta señora, la cual era católica carismática, que esa familia que iba a visitar era evangélica. Le pedí evitar cualquier mención de temas controversiales. Sin embargo, no había tomado en cuenta mi indicación. Había aprovechado la oportunidad para tratar de hacer proselitismo religioso, lo cual había sido un error garrafal.

Además había enfrentado a los demonios en mi

cliente sin haberle explicado nada a ella. Estos se habían manifestado violentamente y la mujer les gritaba fuertemente que salieran. Aquello causó espanto en los parientes que estaban presentes. Mi cliente gritaba que se llevaran a esa mujer de ahí pero la señora insistía en enfrentarlos. Por fin, alguien le dijo a la señora que se retirara de la casa.

En ese momento reinaba allí un pandemonio. Mi cliente tenía los demonios manifestados y estaba muy alborotada. Decidieron ir en busca de un pastor quien logró tranquilizarla. Pero esta experiencia la había traumatizado tanto que estaba furiosa conmigo pues me culpaba de todo. No quería saber ni oir nada de mí.

La muchacha tenía razón en enojarse conmigo. Aunque yo no había planeado así las cosas, todo había sido un desastre por la extralimitación de esta señora católica carismática. Yo me sentía terriblemente mal. Jamás había perdido a un cliente en forma tan desagradable.

Cuando yo fui a hablar con la señora católica para pedirle explicaciones de lo que había hecho, ella rehusaba comprender lo mal que había actuado. Para cerrar con broche de oro, durante nuestra conversación me contó la siguiente anécdota:

—Un día estábamos orando por un hombre. Reprendíamos en el nombre de Jesús pero nada pasaba. En eso, una de las que estaba con nosotros exclamó: "Demonio, te echo fuera en el nombre de María, la madre de Dios." En eso el hombre comenzó a convulsionar y cayó al suelo. Al momento se le quitó todo y se paró. Eso es para que vea que María también tiene poder.

¡Su relato me horrorizó! Yo conocía bien la Biblia.

Me sabía de memoria pasajes como 1 Timoteo 2:5:
"Porque hay un solo Dios, y un solo mediador entre
Dios y los hombres, Jesucristo hombre." Y Marcos 16:17: "Y estas señales seguirán a los que cre-
en: En MI NOMBRE echarán fuera demonios." Sabía muy bien que la liberación tenía que ser en el
nombre de Jesús.

Todo esto me desilusionó totalmente con este grupo. Hablé con mi amiga sobre lo ocurrido y ella también se escandalizó. Me dijo:

—Lo que me estás contando me confirma algo que
Dios me dijo mientras oraba hace unos días. Me indicó que —aunque yo me liberé en ese grupo, no debía volver ahí porque estaba yéndose por mal camino. Ahora entiendo por qué.

Me sentí triste por esas personas y más todavía
por la mucha gente que acudía ahí para recibir ayuda. Los miembros del grupo eran personas bien in-
tencionadas, pero lamentablemente con fundamento bíblico equivocado.

Quizás hice mal en abandonarlos antes de tener
la oportunidad de explicarles su error, pero en ese
momento no me sentía con la capacidad de quedarme más ahí. Sólo le pedí a Dios que les enviara su
Expíritu para guiarlos a toda verdad como promete
en su Palabra. *

---

* Quiero aclarar que hacer liberaciones en el
nombre de María no necesariamente es una
práctica común entre grupos católicos carismá-
ticos. Conozco personalmente a muchas personas que asisten a estos grupos que jamás acep-
tarían este tipo de práctica. Esto ocurrió en un
grupo particular y no pretendo generalizar la
observación.

Al interrumpir las visitas a este grupo, continué mi búsqueda de personas que practicaran la liberación espiritual. Descubrí que era muy difícil concertar citas con ellas porque todas estaban sobrecargadas de trabajo.

—Por algo será, —me dije a mi misma. La demanda para sus servicios debe ser mayor de lo que me imaginaba. Esto significa que hace falta gente dispuesta a trabajar en este campo.

Por fin me dí cuenta de que Dios me estaba forzando a comenzar por cuenta propia. No me sentía en absoluto preparada para ello, pero le hablé a Dios muy sinceramente.

—Me siento insegura, Señor. Es demasiado poca la experiencia que tengo en este campo. Sólo he presenciado unas cuantas liberaciones y nunca he intentado hacerlo directamente —reclamé.

—Recuerda lo que pasó en tu oficina la otra noche —susurró en mi mente.

—Sí, pero eso era diferente. Ahi tú me empujaste a hacerlo. Es muy distinto comenzar el enfrentamiento yo misma.

—No te angusties. No tengas miedo. Yo te voy a ayudar. Te iré mostrando cómo hacerlo. Estaré contigo en todo momento. Jamás te abandonaré.

—¡Ay Señor! —le reproché. Lo que me pides es sumamente difícil. Soy psicóloga. Mi reputación como profesional está en juego. Todos van a creer que estoy loca. ¡Una psicóloga echando demonios! ¡Es inconcebible! Además no sé bien cómo hacerlo.

—Es cierto —me respondió. Muchos van a creer que estás loca. Eso ya te lo había advertido en mi Palabra: "El hombre natural no percibe las cosas que son del Espíritu de Dios, porque para él son locura, y no las puede entender, porque se han de discernir espiritualmente.'' (1 Corintios 2:14). Confía en mí. Yo soy tu Maestro.

—Señor. tú sabes que no soy muy fuerte espiritualmente. ¿Y si me llega un caso violento y no puedo manejarlo? ¿Y si me hace daño? ¿Y si Satanás ataca a los miembros de mi familia? He oído que a los que se meten en este campo Satanás los ''agarra entre ojos.''

—Yo soy tu protector, tu lugar de refugio. Yo soy tu fortaleza.

—Señor. a veces desconfío de tu criterio. Realmente no comprendo cómo se te ocurrió escogerme a mí para un trabajo de esta naturaleza. Tú sabes lo miedosa que soy. Lo que tendrás que hacer en mí para prepararme para este grabajo no es una simple remodelación. ¡Tendrás que botar todo el edificio y construirlo de nuevo.!

—Yo no te he dado un espíritu de cobardía, sino un espíritu de poder, de amor y de buen juicio. Yo construí el universo. ¿Dudas de mi capacidad de hacer algunos cambios en tu estructura?

—Está bien, Padre. Acepto. Mándame los casos que tú quieras. Haré lo mejor que pueda, pero no te prometo buenos resultados.

—Los resultados los doy yo, no tú. Tú serás un canal de MI poder.

—Tienes razón. Perdóname.

Así fue que, por la presión de una mala experiencia, decidí entrar yo misma en el ministerio de la liberación demoníaca. Gracias a Dios por su promesa de que ''a los que aman a Dios, todas las cosas les ayudan a bien.'' (Romanos 8:28).

7

Maruja

Poco después me buscó Maruja, una mujer que se había sometido a liberación con el pastor que yo conocía. El la habia ayudado mucho, pero ella necesitaba más tratamiento de liberación y él no tenia tiempo para darle el seguimiento hasta dentro de unos meses. Una amiga de ella le había dado mi nombre para ver si yo estaría dispuesta a continuar el trabajo.

No sé de dónde saqué el valor para aceptar, aunque en realidad si sé quién fue el que me lo dió. Fue mi Señor, empujándome con cariño por el camino que El mismo me había trazado. Era un aventura desconocida, pero jamás me he arrepentido de embarcarme en ese viaje con El.

Lo que más me costaba manejar al principio de este ministerio, era la ansiedad que me producía el no saber si los demonios se iban a manifestar o no, pero como yo sabía que el pastor ya había iniciado el caso, y que los demonios en Maruja se manifestaban abiertamente, esto eliminaba, en gran parte, mi ansiedad.

Luego de una oración, comencé a enfrentar a los espíritus. Estos me respondieron casi de inmediato y entablamos la lucha. Conforme avanzaba el tiempo de la sesión, me percataba de que algo del poder de Dios había en mí, puesto que los espíritus obedecían mis demandas de manifestarse y respondían a

mis preguntas. Esto me fue dando una valentía hasta entonces desconocida para mí.

No puedo negar que algunas de las cosas que me
decían los espíritus me asustaban. Una vez uno de
ellos me dijo:

—Está bien, me salgo de ella pero me meto en tí.

Mi corazón dio un brinco al oir aquella amenaza.
Algo dentro de mí me aseguraba que eso no era posible, pero otra fuerza me ponía a dudar.

—No puedes hacer eso —le contesté atemorizada. Cristo me protege.

—Ja, ja —rió burlonamente, —pero te asusté,
¿verdad?

Sin embargo, estos episodios eran pasajeros y me
hicieron fortalecerme en Dios.

Seguí trabajando con esta mujer por algún tiempo. Ella estaba mostrando mejorías, pero llegamos
a un impasse, porque ella no estaba poniendo suficiente de su parte. Halló muy fácil venir a sentarse
y que yo realizara la batalla espiritual por ella, sin
tener que hacer nada de su parte.

En una sesión, me sentí totalmente frustrada al encontrar que los mismos espíritus que habían salido
durante la sesión anterior estaban de nuevo en ella.
Cuando les pregunté el por qué de esta situación me
respondieron:

—Es que ella no se fortalece en Dios. Es débil.
Podemos entrar y salir de ella a nuestro antojo.

Esto me hizo meditar. Me dí cuenta que la confrontación de demonios tenía que ir acompañada de crecimiento espiritual por medio de estudio bíblico y
participación en actividades de grupo de tipo espiritual. No sólo eso. También descubrí que debía d
ir acompañada de una maduración psicológica y can

bios en el estilo de vida. De otro modo, el resultado no iba a ser duradero.

Ella estaba acudiendo donde dos personas más para recibir liberación con la idea de que en esa forma podía acelerar el proceso. Esto causaba mucha confusión puesto que yo no estaba enterada de lo que había ocurrido en las sesiones con las otras dos personas, ni ellos sabían lo que estaba haciendo yo.

Por fin la confronté al respecto. Le recomendé que escogiera quedarse con uno de nosotros para su proceso de liberación, señalándole los inconvenientes de continuar en la situación actual. Le hablé también de ciertas acciones que ella tenía que realizar para ayudarse a sí misma, algunas de naturaleza espiritual y otras de tipo práctico. Por ejemplo, ella necesitaba tomar la decisión de ocupar su tiempo en algo, ya que estaba totalmente desocupada.

Afortunadamente, uno de los pastores que estaba aconsejándola le hizo las mismas sugerencias, lo cual la ayudó a comprender que teníamos razón en lo que le indicábamos. En esta forma ella fue asumiendo una mayor responsabilidad por su vida, en lugar de depender totalmente de otros para su estabilidad. Esto le permitió avanzar más rápidamente y organizar mejor su vida.

De su caso aprendí que la liberación no lo es todo. Comprendí que hace falta combinarla con crecimiento espiritual, conocimientos psicológicos y decisiones prácticas para obtener resultados duraderos.

8

Alejandro: Obsesivo Compulsivo

Tenía un año de tratar por psicoterapia a Alejandro, un hombre soltero de cuarenta años. Sufría de lo que en psicología se conoce como una neurosis de tipo obsesivo compulsiva[1]. Su compulsión era la limpieza.

Vivía a varias horas de la capital, donde estaba mi oficina. El hecho de que durante un año había estado dispuesto a viajar tanto para acudir a las citas, me indicaba su interés en sanarse y su disposición a poner todo el esfuerzo requerido para lograr su salud emocional.

Los síntomas de su problema le traían muchas dificultades con sus padres y un hermano, con los cuales vivía. Atormentado por la falsa idea de que sus parientes eran descuidados en su higiene personal, se pasaba el día entero exigiéndoles que se lavaran las manos, en especial cuando habían usado el servicio sanitario. Ellos trataban de ser comprensivos con él, pero la insistencia de parte de él era tanta, que a menudo los hacía perder la paciencia y entrar en discusiones fuertes.

Alejandro estaba obsesionado con evitar la contaminación. Al abrir la puerta, sacaba su pañuelo limpio y lo ponía sobre la perilla a fin de no tocarla directamente Le temía mucho a los microbios que ésta pudiera tener. Aun las monedas tenía que lavarlas por este temor.

Se bañaba varias veces al día y, al hacerlo, tenía que enjabonarse muchas veces. Aun así quedaba con duda si habría quedado sucio en alguna parte. Nunca se sentía totalmente limpio.

No comía en restaurantes ni en casas ajenas, pues pensaba que las personas que preparaban la comida no eran lo suficientemente limpias. Este pensamiento le producía asco.

En su propia casa, él lavaba los platos y cubiertos que iba a usar antes de sentarse a comer. Presionaba constantemente a su madre, preguntándole si se había lavado las manos antes de tocar los alimentos.

Los servicios sanitarios le causaban una incontrolable sensación de repulsión. Tenía que llevar consigo bolsas plásticas para defecar en ellas, puesto que no soportaba la idea de sentarse en un inodoro que había sido ocupado por otras personas. En su casa tenía un cuarto de baño privado y lo mantenía con una limpieza impecable.

La psicología ha descubierto que las compulsiones de limpieza se deriban de sentimientos de culpa inconscientes que hacen que la persona se sienta sucia. Para disfrazar este fenómeno inconsciente, surge luego el mecanismo de proyección por medio del cual la suciedad se proyecta sobre otros y así se tiene la sensación de que son los otros los que están sucios.

El era cristiano, pero se había alejado de la iglesia. A través de nuestras conversaciones había tomado la decisión de reincorporarse a la iglesia y esto le había ayudado a reducir sus sentimientos de culpa. Aun así muchos de sus síntomas persistían.

Un día durante una de nuestras sesiones, yo estaba orando con él cuando sentí un impulso de decir algo y lo hice. Dije con mucha firmeza:

—En el nombre de Jesús, ordeno que la represión sea rota y que los recuerdos olvidados surjan a su mente consciente.

En ese instante, el hombre comenzó a llorar amargamente.

—Me acaban de venir unos recuerdos. Me había olvidado completamente de estas cosas —sollozó. Una vez, siendo yo pequeño, estando en mi cama, mi mamá me levantó de repente las cobijas y me vió tocándome el pene. Me regañó y me dijo que eso no se hacía, que era una cochinada. Yo me sentí avergonzado y lloré mucho.

—Otra cosa que recordé es que me dejaban cuidando a unas vecinitas menores que yo. A una de ellas yo no la quería. Cuando se iban los adultos yo le pegaba mucho. Como ella era más pequeña no se podía defender y yo la amenazaba para que no contara nada. Yo sabía que no debía hacerlo, pero no me podía controlar.

—También mi mamá me pegaba en la mano y me decía ''caca, caca'' cuando yo iba a tocar algo sucio. Creo que esa es una de las razones por las que tengo tanto asco a los servicios sanitarios.

Oré por él pidiéndole a Dios que sanara sus heridas y le quitara el sentimiento de culpa que le había quedado a raíz de esos incidentes. También pedí que sanara la asociación tan fuerte entre ''caca'' y ''sucio.'' Luego le ministré liberación.

Después de esa experiencia, este hombre sintió un gran alivio. Su presión sobre los parientes disminuyó notablemente y cuando se bañaba, se enjabonaba una sola vez.

Este caso me enseñó que la fuerza que un demonio puede tener sobre alguien está íntimamente relacionado con sus traumas psicológicos. Estos recuerdos con carga emocional destructiva deben ser descubiertos. Es importante que la persona tome conciencia de cómo una experiencia de su pasado se fue transformando hasta convertirse en un síntoma psicológico. Habiendo entendido esto, se puede orar para que Dios sane estas heridas emocionales. Por último, si un demonio logró entrar en la persona a raíz de ese trauma, será necesario expulsarlo. Pero, de lo que he observado, si el trauma no ha surgido a la conciencia y no se ha tratado con él, el demonio rehusará irse puesto que ese trauma le sirve de asidero. El espíritu inmundo está firmemente anclado en ese recuerdo.

Sé que en la Biblia no se habla nada sobre esto. En los casos relatados en ella, se le ordenaba al demonio salir y éste salía. ¿Por qué, entonces, estamos viendo algo distingo hoy día? La respuesta total no la tengo, pero si tengo una teoría.

En los tiempos bíblicos no sabían nada sobre psicología. La ciencia no había avanzado tanto aún. Ahora conocemos más sobre la conducta humana, por lo que se hace posible aprovechar ese conocimiento.

Yo creo que Dios trata con cada persona de acuerdo con su nivel de conocimiento. Por eso Santiago recomienda: "Hermanos míos. no os hagáis maestros muchos de vosotros sabiendo que recibiremos mayor condenación" (Santiago 3:1). Si Dios nos ha permitido saber más, también espera más de nosotros.

Si El me ha dado la oportunidad de estudiar psicología, El espera que yo use lo que he aprendido. Para mi sería más fácil que las liberaciones que realizo fueran como en los tiempos bíblicos; "Fuera, en el nombre de Jesucristo'' y el demonio se va. Pero si así fuera, ni la persona ministrada ni yo tendríamos claro cómo fue que ese demonio entró en ella. Tampoco sabríamos cómo tomar las medidas necesarias para evitar que ese espíritu regrese a ella o a sus descendientes.

En el caso de este hombre obsesivo compulsivo, si yo no lo hubiera ayudado a comprender que eso que hizo la madre de castigarlo a los cuatro años cuando lo encontró tocándose el pene, fue un gran error, como también lo fue el programarlo para tenerle asco a las heces, él probablemente haría lo mismo con su propio hijo, si algún día llega a tenerlo. ¿Por qué? Porque todos tendemos a cometer, con nuestros propios hijos, los mismos errores que nuestros padres cometieron con nosotros, a menos que alguien nos saque de nuestro error.

Pero, como los demonios de culpa y asco no salieron a la primera orden que les dí. tuve que profundizar más el problema y así fue como descubrimos estos errores maternos. Ahora, gracias a los descubrimientos de la psicología y a la comprensión que él logró de su problema, él sabe que el tocarse el pene a los cuatro años no es ningún pecado, sino una conducta totalmente normal en un niño que está descubriendo su cuerpo, y también, que no se debe hacer que un niño asocie las palabras ''caca'' y ''sucio,'' en la forma en que lo hizo su madre.

1.- OBSESION-COMPULSION: Idea persistente e irresistible que la consciencia no puede rechazar y que impulsa al individuo a determinado acto, aún contra su voluntad y su sentido de lo racional.

9

Cecilia: Una Niña
de nueve años

—Por favor, atienda a mi hija —suplicó la madre de Cecilia. No tenemos derecho a tratamiento por parte del Seguro Social y yo no puedo pagar un psicólogo. La maestra dice que necesita ayuda profesional porque tiene problemas en la escuela.

Le dí cita y el día indicado apareció con la niña.

Cecilia tenía nueve años. Cuando hablé a solas con ella me dijo que le costaba mucho concentrarse en sus clases para ponerle atención a la maestra. Esto le obstaculizaba su aprendizaje.

Este era el problema que la traía a mi oficina. Sin embargo, los psicólogos sabemos que muchas veces el motivo que da el cliente para consultar no siempre es el problema principal. Por esto estamos entrenados a indagar más allá de lo que éste indica.

Pregunté sobre la situación familiar. Los padres de Cecilia estaban separados. Su padre era alcohólico y muy violento. Muchas veces Cecilia había visto como él golpeaba a su madre.

Le pregunté también sobre los sentimientos hacia su madre. Me dijo que la quería y que se llevaban bien.

—Tu madre me ha dicho que a veces le dices cosas muy duras, muy feas. ¿Estás brava con ella por algo? —pregunté. ¿Te molesta que ella no viva con tu papá?

Cecilia comenzó a llorar.

—Yo quiero a mi papá. Yo sé que él es malo con mamá y por eso no podemos vivir con él. Pero yo entiendo eso. No es por eso que yo le digo cosas feas a mamá. Yo no sé por qué lo hago. Yo no quiero hacerlo, —sollozó.

—Si viera lo que siento, como que se me mete el diablo y me obliga a hacerlo. Me dice que le diga: "Perra inmunda. ¿Para que fui a nacer de usted? Mejor hubiera nacido de una perra." Yo no quiero decirlo, pero esa voz me obliga, no me deja tranquila hasta que lo haga. Yo sé que es malo. Lo digo y después me pongo a llorar porque mamá se pone triste.

Continué sondeándola en otras áreas. Me contó que unos años atrás ella tenía un amigo que sólo ella veía. Ni su mamá ni nadie más podía verlo. Se llamaba Juan. Pasaban mucho tiempo jugando y hablando.

Luego me dijo:

—Ya Juan no viene a jugar conmigo, pero mi abuelita muerta sí. Viene y me canta siempre la misma canción. También me habla y después desaparece. Mi hermanita, Elisa, también la ve. Elisa se pasa cantando esa canción que nos canta mi abuelita.

Todas estas cosas me hicieron pensar que la niña estaba influida por demonios. Le pedí que me esperara afuera mientras hablaba con su madre. Quería tratar este asunto con la madre primero para obtener su permiso de ministrarla en liberación.

Al informarle sobre mi interpretación de lo que le sucedía a la niña, la madre se abrió conmigo.

—Ahora que usted me habla de eso, mejor le cuento algo. Mis padres eran espiritistas. Ellos ya murieron. Las niñas dicen que la abuela se les aparece. Yo sé que eso no es bueno.

—A mi también me han pasado cosas raras. Una noche estaba sola en la casa. De repente tocaron fuerte la puerta y la abrí. No había nadie, pero algo entró y me prensó contra la pared. Luego me tiró al suelo. Casi me muero del susto. Me quedé en el suelo llorando de miedo. No le conté eso a nadie porque iban a creer que estaba loca.

Le expliqué brevemente a esta mujer sobre los demonios y cómo enfrentarlos. Pedí su permiso para orar por su niña y me lo dió inmediatamente.

—Yo no sé nada de estas cosas —dijo, pero a usted me la han recomendado mucho, así que confío en usted.

La madre salió y Cecilia entró de nuevo a mi oficina. En palabras muy sencillas le expliqué que yo creía que esa voz que ella escuchaba, que le ordenaba insultar a su madre, no venía de ella misma, sino de algo que quería molestarla. Le dije que íbamos a averiguar si yo tenía razón o no.

Pasé a explicarle que Dios tenía poder sobre cualquier cosa que quisiera molestarla y que si ella quería contar con la protección de Dios, era muy importante que le pidiera a Jesús que entrara en ella para vivir en su corazón. Desde adentro El podría ayudarla siempre.

Le dije:

—Cecilia, la Biblia dice que Jesús está a la puerta de tu corazón. Está tocando para que tú le abras.

Inmediatamente me respondió:

—Yo lo oigo. Está tocando a la puerta. Ahora mismo lo estoy oyendo.

Yo me quedé asombrada.

—O esta niña tiene una gran imaginación o Dios realmente está haciendo algo dentro de ella, —pensé.

—Yo no entiendo bien lo que estás haciendo, —le dije a Dios, pero ella parece estar viviendo con mucha naturalidad lo que le estás permitiendo vivir. Gracias por esta ayuda.

—¿Todavía lo oyes? —le pregunté.

—¡Sí! —me dijo Cecilia. —¡Ahí está!

—¿Quieres abrirle la puerta de tu corazón para que entre?

—¡Sí! —respondió Cecilia.

—Dícelo entonces.

—Jesús, pasa. Quiero que entres en mi corazón... ¡Ya entró! —exclamó. El dice que ya entró.

—¿Te está hablando a la mente? —le pregunté maravillada.

—Sí, yo lo oigo.

—Muy bien, —dije, ahora voy a preguntarle a esa voz que te molesta que me diga cómo se llama. Si te llega la respuesta a la mente me la dices. ¿Está bien?

—Sí.

—En el nombre de Jesús, estoy atando a todo aquello que no venga de Dios. Ordeno que lo que está en Cecilia me diga su nombre.

—Dicen que son tres, —dijo Cecilia. Uno de ellos es Juan, el que era mi amigo cuando yo estaba más pequeña. Otro se llama Ramón y otro Alvaro.

—¿Adónde están ubicados en ella? —pregunté.

Cecilia se tocó la cabeza y dijo:

—Aquí. Dicen que en mi cabeza.

—Muy bien, —dije asombrada por la naturalidad de la niña en este asunto y por lo claro que ella escuchaba las voces de los espíritus. —¿Recuerdas quién acaba de entrar en tu corazón?

—Jesús...Dice Juan que él ve a Jesús en mi corazón. Está bravo conmigo. Dice que por qué lo dejé entrar.

—Juan pretendía ser tu amigo, pero en realidad quería molestarte. Ahora tienes un amigo bueno, Jesús —le contesté. Pídele a El que saque a Juan y a los otros dos. Jesús es más fuerte que ellos.

—Jesús, —dijo Cecilia, por favor saca a Juan y a Ramón y a Alvaro, para que no me molesten más ni me hablen en mi cabeza…¡Ya! Ya se fueron. Jesús los sacó, —exclamó excitada Cecilia.

—Gracias, Jesús, —oré. No permitas que vuelvan a ella. Quédate con ella y cuidala siempre.

—Cecilia, quiero explicarte algo. Esa señora que tú vez, que te dice que es tu abuelita, te está engañando. Eso es una mentira. Es un espíritu que se hace pasar por tu abuelita para confundirte. Tu abuelita está muerta y la Biblia dice que cuando alguien se muere ya no podemos hablarles más porque su espíritu se va para otro lugar y no puede volver a la tierra. Cuando ese espíritu vuelva a decirte que es tu abuelita dile: "Tú no eres mi abuelita. No vengas más a hablarme. En el nombre de Jesús te lo ordeno."

La semana siguiente, la madre de Cecilia me contó que la noche después de la sesión, estaban caminando por la ciudad y pasaron frente a una iglesia evangélica. La niña insistió que entraran. Dijo:

—Yo soy cristiana y quiero estar aquí. Tengo que aprender de Dios.

Mi corazón dió un salto. Reconocí la mano de Dios en la vida de esta niña. El estaba llevando las cosas mucho más allá de lo que yo había planeado. Yo no le había dicho a la niña que tenía que ir a la iglesia, ni le mencioné la palabra "cristiana," ya que su madre era católica y a veces esa palabra se interpreta equivocadamente como sinónimo de "evangélica." Pero era evidente que Cecilia tenía un don especial para escuchar claramente la voz de Dios y que El la estaba guiando desde adentro.

—¡Aleluya! —exclamé en mi espíritu. Verdaderamente son grandes y maravillosas tus obras, Señor.

La madre de Cecilia me dijo que habían entrado a la iglesia, y que al entrar algo horrible le había pasado. Ella, la madre, había comenzado a actuar como una persona trastornada. Se le había desatado una furia incontrolable que la había obligado a tomar las bancas de la iglesia y a lanzarlas por el salón.

Unas personas hicieron un círculo alrededor de ella para orar. Comenzó a desvertirse y a gritar. Tuvieron que sostenerla entre ocho personas mientras reprendían a los demonios en ella, hasta que se había calmado.

—Ellos me dijeron que los espíritus habían salido, pero yo creo que no, porque todavía estoy sintiendo cosas raras, —dijo la señora.

—¿Quiere que le haga liberación? —le pregunté.

—Sí quiero, pero tengo miedo. Usted está aquí sola y en la iglesia no me podían sostener bien ni entre ocho personas. ¿Qué pasa si me pongo igual de incontrolable?

—Por eso no se preocupe —repliqué. —Eso pasó porque usted estaba en una iglesia y a los demonios les gusta hacer exhibición de su fuerza en los cultos para interrumpir y para asustar. Si en lugar de hacerle rueda y reprender entre todos, la hubieran llevado a un cuarto aparte y le hubieran ordenado a los demonios que quitaran esa manifestación violenta, es probable que esa reacción hubiera cesado.

—Bueno, usted es la que sabe, —dijo ella. Yo quiero que se vaya todo lo malo que hay en mí.

Para comenzar, pedí la protección de Dios sobre nosotras y ordené a los espíritus manifestarse en forma controlada, sin reacciones violentas. Asi lo hicieron. Los demonios se manifestaron verbalmente, pero no la afectaron en ninguna forma.

Aún estaban todos en ella. Habían engañado a la gente de la iglesia haciéndoles creer que habían salido. Lo único que habían hecho era quitar la manifestación y esconderse de nuevo en ella. Esta fue su manera de lograr que esas personas dejaran de reprenderlos.

El espíritu más fuerte que había en ella era el de temor. Había tomado fuerza en ella a raíz de las palizas que le había dado su esposo. Le ordené salir por un bostezo, ya que esto me había dado resultados anteriormente. Sin embargo, el espíritu seguía manifestado y después de un rato me dijo:

—No puedo salir en esa forma.

—¿Cómo puedes salir entonces? —pregunté.

—Invocando al Señor —fue la respuesta.

—Muy bien. ¡Hazlo! —ordené.

—¡Jesús! —gritó con fuerza, y al hacerlo se estremeció todo el cuerpo de esta mujer.

De repente todo quedó en calma. Le pregunté a ella si creía que el demonio había terminado de salir.

—Sí, ahora sí —respondió. Yo sentí cuando salió. Me siento tranquila.

Por este caso y por otros que atendí después, aprendí que no todos los demonios salen en la misma forma. Algunos salen por bostezo, otros por vómito o hemorragias. También pueden salir por tos, orina, temblor, sudor, lágrimas, los oídos y aun sin manifestación física alguna.

10

La Oferta

Ana llegó a mi consultorio cuando su hijo tenía siete años y su hija tres. Estaba cursando el último año de la universidad.

—Toda mi vida he tenido problemas serios —me compartió desanimada. Mi madre padeció los mismos síntomas y sufrió mucho al ver que yo había heredado todos sus males.

—No escatimó esfuerzo ni dinero para obtener mi cura. Me llevó donde médicos, sacerdotes y hasta brujos con tal de buscar mi sanidad. Pobrecita, no tuvo éxito y eso le partió el corazón. Nadie pudo curarme y ella murió sabiendo que yo seguía igual de mal.

—Yo puedo comprender su sufrimiento porque ahora estoy viviendo lo mismo que ella. Mi hijo está presentando los mismos síntomas, lo que significa que además de cargar con mis propios males, estoy afligida por verlo sufrir a él. Es como una maldición familiar, algo que se viene pasando de generación en generación.

—No sé por dónde comenzar —me dijo Ana. Son tantas las cosas que me han pasado. La mayoría de la gente no cree las cosas que les cuento. Creen que estoy loca.

Los psiquiatras no han podido dar pie en bola conmigo. La última vez que me internaron en el hospital del Seguro Social, me inyectaron cantidades altísimas de fármacos y aun así no pudieron dormirme.

—Me llevaron a un cuarto para una junta médica. Comenzaron a hacerme toda clase de preguntas. Después de un rato yo comencé a burlarme de ellos. Digo "yo" aunque sé que no era yo. Era algo que está en mí, pero es aparte de mí. No sé bien cómo explicarlo.

—Esa personalidad le hablaba a los médicos en sus propios términos técnicos, mofándose de sus diagnósticos. Decía palabras que yo no conocía. Yo era la más asombrada de oir lo que salía de mi boca.

—Los médicos estaban muy sorprendidos cuando vieron ese cambio en mí. Dijeron que era un caso de personalidad múltiple. Querían tenerme internada más tiempo para estudiar mi caso, pero yo le pedí a mi esposo que me sacara de ahí.

—Los médicos me dijeron que mi tratamiento era muy largo y que el hospital no podía asumirlo adecuadamente. Me sugirieron que buscara tratamiento privado, pero de una vez me advirtieron que sería muy costoso. Como yo no tenía dinero, ni siquiera indagué sobre quién podría tratarme.

—Oigo voces. Veo cosas. Experimento sensaciones extrañas. En ciertos momentos tengo poderes especiales. Sin querer, me desdoblo, abandono mi cuerpo.

—Le ruego constantemente a Dios que me libre de todo esto, que me guie a la persona que realmente pueda ayudarme. La maestra de mi hijo me dió su nombre y aquí estoy para ver qué puede hacer usted por mí.

—Un amigo que trabaja en la misma institución que yo es parapsicólogo. Hablé con él acerca de mis síntomas. El me ofreció ayuda. Comencé a ir donde él hasta que me di cuenta que lo que él estaba haciendo conmigo era espiritismo. Sé suficiente de esas cosas como para diferenciarlas de lo que es realmente de Dios.

—Yo sé que Dios condena el espiritismo y no quiero tener nada que ver con eso. Ese amigo me insistió mucho tratando de convencerme. Me dijo que yo tenía poderes especiales y que no debía ser egoísta, que debía usarlos para ayudar a la gente. Dijo que él me podía entrenar, pero yo me negué. Todavía me insiste. Hasta me llega a molestar en sueños pero yo rehuso cooperar con eso.

—¿Qué te dicen esas voces que te hablan? —pregunté.

—En resumen, lo que quieren es que comience una secta, una secta falsa. Quieren usar mis poderes para confundir a la gente, para alejarlos de la verdad. Yo clamo a Dios y le pido que me proteja. No lo voy a hacer. Yo amo a Dios.

—Ahora están usando a mi niño para presionarme. Lo están molestando y asustando. No lo dejan concentrarse en sus estudios. Es la manera que tienen ellos de quebrantarme. Me dicen que si no acepto lo van a dañar a él.

—¿Quién quiere que comiences una secta? ¿Quiénes son "ellos"?

—Es un grupo de maestros espirituales. Así se refieren a sí mismos. Yo los puedo ver. Llevan puestas unas vestiduras blancas. Se paran en un círculo y me llaman para que entre en el círculo con ellos. Yo rehuso y clamo a Dios. Ellos se ponen furiosos cuando hago eso.

—Me tratan de tentar contándome los planes que

tienen para mí. Me dicen que vaya sola a las montañas, que me ponga una bata blanca y que me dedique a meditar. Dicen que si yo lo hago, ellos llegaran ahí y comenzarán a entrenarme. Ofrecen prepararme y enseñarme todo lo que tengo que hacer. Me ofrecen cosas que yo quiera o necesite, para convencerme.

—Alguien me llevó donde un pastor protestante que me ayudó mucho. Mejoré muchísimo pero dejé de ir donde él. Ultimamente he estado yendo donde un pastor pentecostal. El también me ha ayudado mucho. Ha orado varias veces por mi hijo y por mí. Yo le agradezco mucho su ayuda. Lo que pasa es que no me gustan las reuniones en su iglesia. Hacen demasiada bulla para mi gusto. Necesito buscar otra iglesia.

A raíz de este comentario la invité a la iglesia donde me congregaba yo. Le expliqué que era una iglesia carismática evangélica donde los miembros conocían acerca de los espíritus malos y de cómo combatirlos. Le dije que también conocían de los dones espirituales que ella tenía, visión y revelación, y que la alabanza no era escandalosa, pero sí muy bonita. Ella mostró interés y dijo que iba a llegar.

Una semana después Ana vino de nuevo a mi consultorio. Me comunicó lo siguiente:

—El domingo pasado me sucedió algo muy extraño. Me alisté para ir a su iglesia y en el momento en que me paré de la silla para ir, mi cuerpo se congeló. No podía moverme. Estaba totalmente paralizada. Mi esposo trató de sentarme de nuevo en la silla, pero por la posición en que había quedado mi cuerpo, no pudo. Le pedí que me acostara en el suelo y ahí me quedé por tres horas, justo el tiempo que hubiera pasado en la iglesia.

—Mientras estaba ahí en el suelo, me puse a luchar como usted me enseñó, en el nombre de Jesús, y usando los pasajes bíblicos que me enseñó. Le ordené a los espíritus que se fueran.

—Mi esposo quería llevarme al hospital, pero yo no lo dejé. Le dije que Jesús me sacaría de ese estado. Por fin comencé a sentirme mejor. Pude moverme. Poco a poco fui recobrando la movilidad, pero duré dos días en poder regresar al trabajo.

Pasé la siguiente hora enseñándole más sobre cómo usar la autoridad de Jesús para defenderse de los espíritus. Todo el rato mientras hablábamos de esto, su cuerpo temblaba. Hubo momentos en que no podía enfocar sus ojos para leer las partes de la Biblia que yo le iba mostrando. Se mareaba y se sentía extraña, pero igual seguimos con el estudio.

Leímos sobre la lucha espiritual en Efesios 6: 10-18. Ella comprendió todo. Por fin estábamos listas para comenzar la sesión de liberación.

Le pedí a Dios que nos protegiera de una forma especial, ya que yo iba a trabajar sola. Luego le dije:

—Ato a todos los espíritus inmundos en esta mujer y les ordeno manifestarse calmadamente.

En el momento en que pronuncié estas palabras, sus muñecas se juntaron de golpe, como si algo invisible las hubiera amarrado. Un espíritu comenzó a hablar:

—Soy Sarai. Soy parte del grupo.

—¿Tienes asideros en ella? —le pregunté. ¿Algo que te dé fuerza dentro de ella?

—Sí, —respondió. Su amigo el parapsicólogo. El la usa como médium aun sin que ella se dé cuenta.

—Rompo su poder para hacerlo, en el nombre de Jesús. Corto también toda atadura demoníaca gene-

racional que viene pasando en su familia de generación en generación, tanto del lado de su padre como
de su madre.

—¡No! —gritó Sarai desesperada. ¡No lo hagas!
No tienes idea de lo duro que hemos trabajado. Eso
arruinaría nuestro poder. Hemos estado trabajando
por varias generaciones. Nos ha llevado mucho
tiempo.

—Ya lo hice, Sarai —contesté. Tu poder ha sido
cortado.

—Pero tenemos un líder, un líder poderoso —re-
plicó.

—¿Quién es tu líder? —pregunté.

—Satán.

—¿Está aquí ahora?

La que respondió fue otra voz, una más ronca:

—Claro que estoy aquí. Yo soy su líder.

—Satanás, he atado tus poderes. No te permito una
manifestación violenta, —le dije.

Lo hice más para combatir mi propio miedo y darme ánimo a mi misma, que por recordárselo a él.
Desde que estaba en este tipo de trabajo, jamás había tenido que enfrentar a Satanás. Las otras luchas
habían sido con demonios, nunca contra su jefe. Solía
preguntarme si estaría lista para batallar contra él.
Esta era la prueba de fuego. Dios me estaba poniendo cara a cara con él, y no había ninguna otra persona conmigo.

—Satanás, —me dirigí a él. ¿Quién está interfiriendo con mi grabadora?

Una risa grotesca explotó de los labios de Ana.

Esto es demasiado importante, —respondió. No
te voy a dejar grabarlo. Tenemos que protegernos.
Desde que los espíritus habían comenzado a hablar,

yo había estado tratando de encender mi grabadora, pero no estaba funcionando. En la sesión anterior, Ana me había comentado que el pastor pentecostal que la había ministrado, había hecho tres intentos de grabar las sesiones, pero en cada una de ellas algo había fallado. A pesar de eso, yo no había estado anticipando problemas en la grabación, porque siempre había tenido éxito en grabar mis sesiones. Esta vez, sin embargo, la grabadora no estaba respondiendo.

En eso recordé que tenía baterias nuevas en mi cartera. Las busqué y las coloqué en la grabadora.

—Quizás estaban bajas las baterías, —pensé.

Probé de nuevo pero aun no funcionaba.

—Señor —le dije a Dios en mi mente, no sé por qué está fallando mi grabadora, quiero grabar esta sesión. Por favor hazlo posible.

Fue entonces que miré detenidamente el cassette y ví que la cinta estaba al final. Yo sabía muy bien que la había colocado al principio, como siempre, porque del otro lado había grabado otra cosa. ¿Cómo habían podido adelantarme la cinta sin tocar mi grabadora? Eso es algo que nunca sabré, pero el hecho es que lo hicieron y gracias a Dios pude percatarme de lo que pasaba y retroceder el cassette hasta estar de nuevo al principio.

Até a todo espíritu que estuviera interfiriendo con la grabación y de ahí en adelante no tuve más problemas para grabar.

—Satanás, —dije fuertemente, no tocarás más mi grabadora. Voy a grabar esta sesión te guste o no te guste. Te lo ordeno en el nombre de Jesús.

—Te odio —gruñó rabiando. Te maldigo una y mil veces. Te voy a destruir.

—La Palabra de Dios dice en Isaías 44:25: "Yo, que deshago las señales de los adivinos, y enloquezco a los agoreros; qué hago volver atrás a los sabios, y desvanezco su sabiduría." Rompo el poder de tu maldición sobre mí, en el nombre de Jesús. No te temo, Satanás, Dios está aquí. El me está protegiendo.

—¡Desátame! —gritó el diablo. El poder está en las manos. Quiero demostrarte mi poder. Peleemos en las mismas condiciones.

—No necesito que me enseñes tu poder, Satanás. Veo claramente que soy YO quién tiene poder sobre tí. Todo lo que tuve que decir fue: "Te ato en el nombre de Jesús." Si eso fue suficiente para amarrarte y quitarte tu poder sobre mí, no me impresiona mucho tu poder.

—Yo, Satán, ordeno a todos los poderes del infierno y a los principados que agarren a esta hija de p... y la hagan callar. ¡Suéltame! Les ordeno que lo hagan.

—No pueden, Satanás —repliqué. Ellos también están atados.

—¡Maldita! ¡Degenerada!

Comencé a cantar alabanzas a mi Dios para no prestar atención a los insultos que me gritaba. Leí en voz alta el Salmo 83, utilizándolo como mi oración personal, pidiéndole a Dios la destrucción de mis enemigos. Satanás estaba furioso. Estaba luchando desesperadamente por soltarle las manos a Ana, pero estas permanecían atadas por las muñecas. Seguía maldiciéndome a voz en cuello.

Fue en ese momento que cambió su táctica.

—Te puedo dar todo lo que quieras: poder, riqueza, cualquier cosa, porque yo soy el rey. Pídeme lo que quieras y lo recibirás.

—Sólo Dios puede darme las cosas que yo deseo, —respondí. Además tú no eres rey. Tú fuiste echado del Cielo por afirmar eso anteriormente, ¿no te acuerdas? Pues ahora eres echado de esta mujer por el mismo pecado. Tú como que nunca aprendes, ¿verdad?

—Yo sirvo al Rey de reyes —le dije, al Señor de señores. Tu oferta no me tienta en lo absoluto. A El sí me conviene servirlo.

—¡Hija de p...! ¡Estúpida! !Imbécil! Desátame para poder pelear. Déjame a Ana y a su hijo. Yo los necesito para extender mi reino. No te los entregaré. ¡Son míos!

—Ya no son tuyos. Ambos le dieron sus vidas a Cristo en mi presencia. Jesús pagó el precio con su sangre. Ahora son propiedad privada de El.

—¡Ay! No menciones eso.

—¿Qué? ¿La sangre de Cristo?

—¡Sí! Es un río que me aplasta.

—Hay poder en esa sangre, —le dije.

—¿Por qué luchas en mi contra? —me preguntó Satanás.

—Dios me envió. Yo sirvo a Dios. Eso te lo dije hace un par de años. Te declaré la guerra en voz alta. ¿No te acuerdas de eso?

—¡No! No me iré. ¿Por qué tiene Dios que traer gente como ella a este mundo? ¿Por qué tiene que darle dones tan fuertes? ¡Yo quiero usarlos!

—Dios se los dió para que ella lo glorifique a El, para servir a otros —repliqué.

—Sí, pero el que los va a usar soy yo. Voy a hacer que ella funde mi secta.

—No, no lo harás —le aseguré. Ella va a seguir a Dios. Ana utilizará sus dones en tu contra.

—¡No! ¡No puede hacerme eso! Yo la necesito. ¿Cómo puede resistirse tanto un simple ser humano? Aun cuando Dios no estaba en ella, me resistía. ¿Por qué es tan fuerte?

—¡Ya basta, Satanás! ¡Cállate y sal de ella! —le ordené.

—Yo, Satanás, les ordeno a los principados y los poderes, vayan y busquen por todo el mundo. Encuentren a alguien. Busquen entre los niños que están naciendo hoy. Necesito a alguien para llevar a cabo mi plan, alguien que tenga los dones de ella.

—No Satanás —interrumpí. No vas a buscar a otra víctima. Te mando a tí y a todos tus demonios al abismo. Jesús decidirá que hacer con ustedes.

—¡No! ¡A esos huecos no! No quiero ir ahí.

—¡Obedece Satanás! Te lo ordeno en el nombre de Jesús.

—Sí, me iré, pero te lo advierto, nos encontraremos otra vez. Espera. Me vas a ver. Te horrorizarás.

—Mis ojos verán sólo lo que Dios quiera que vean. No te veré porque no quiero verte.

El cuerpo de Ana comenzó a temblar fuertemente. La sostuve para que no se cayera.

—¡No me toques! —gritó Satanás. ¡Quítame las manos de encima!

—¡Vete Satanás! Llévate contigo a todos tus demonios.

—Espíritu Santo, —oré, usa mis manos como instrumentos de tu poder. Ven sobre Ana y líbrala. Libra sus dones para que funcionen sólo para Dios. Toma control de su mente, de su cuerpo y de su espíritu. Obliga a Satanás a salir de ella y ocupa tú, el lugar que él está ocupando.

Ana tosió fuertemente. De su boca salió una baba espesa.

—¡Ay! —gritó Ana. ¡Qué hediondez! No soporto el olor. Veo cadáveres. Me da náusea.

—¡Se están yendo! ¡Rita, se están yendo! Yo los veo. Están huyendo. Todos tratan de escapar. Son criaturas horribles. ¡Ay, gracias a Dios! Ya se van.

En eso se soltaron sus manos y ella las levantó hacia Dios. Comenzó a alabarlo.

—Veo a Jesús —dijo Ana. Siento algo tibio, suave. ¡Qué luz más brillante! Me envuelve por todos lados. Se está acercando a mí. Me está poniendo una copa a los labios para que yo tome. Ahora me está regando el líquido en la cabeza. Puedo sentir como entra en mi cuerpo. ¡Que rico!

—Sí, Señor —continuó Ana. Te serviré sólo a tí. Yo no entiendo todo esto que está pasando, pero ahora sé que estás conmigo. Haré lo que tú quieras que haga. Lo que sea. ¡Gloria a Dios! Gracias, Jesús.

Ana abrió los ojos.

—Se fueron —me dijo. Me siento muy cansada, pero ya pasó. No puedo irme para el trabajo así. Estoy demasiado débil. Necesito ir a dormir. Voy a irme para la casa. ¡Gracias!

La lucha había durado sólo una hora, pero esos fueron los sesenta minutos más intensos de mi vida.

Repasando después la oferta que me había hecho el diablo me sentí muy honrada.

—Satanás me ofreció lo mismo que a tí —le dije a Jesús. Me ofreció poder y riqueza. Me pidió servirle a él. Es un honor haber pasado por la misma tentación que tú. Lo raro es que no sentí el más mínimo deseo de aceptar su oferta. eso me confirma que tú realmente controlas mi vida. Gracias, ¡Jesús! ¡Gloria sea a tu nombre!

11

Conversación: Psicólogo/Demonio

Estuve compartiendo mis experiencias en el campo demoníaco con un psicólogo no cristiano. Al final de la conversación le dije:

—Si alguna vez tienes la oportunidad de estar en una sesión de liberación, aprovéchala.

—Invítame —dijo él. Yo iría.

—Muy bien —le respondí. Te prometo que cuando me llegue un caso que valga la pena observar, te llamaré.

Algunos meses después se dió la oportunidad. Lo llamé y lo invité. Al día siguiente se presentó en mi oficina para el suceso.

El observó los acontecimientos que se dieron en una sesión de liberación. En la segunda ocasión, solicitó poder entrevistar a la mujer desde su propio punto de vista, y ella accedió. Por unos quince minutos le preguntó todo lo que quiso y ella le respondió. En la tercera sesión, ocurrió algo muy interesante. Una vez que el demonio estaba manifestado, me volví a mi colega no cristiano y le pregunté:

—¿Quieres hablar con el demonio?

—Sí, —respondió interesado.

Así que permití que sostuviera una conversación con el demonio, habiéndolo atado previamente a la verdad. El diálogo exacto transcurrió de esta manera:

—¿Quién eres?

—¿En nombre de quién preguntas?

—En nombre de la ciencia.

El demonio rió.

—Nosotros no nos damos a conocer por medio de la ciencia. No tienes ningún poder sobre mí.

—Puedo dudar de tu existencia. Si no existes no puedes atormentar a Inés.

—Si existo. Soy real, pero en lo espiritual, no en el mundo material. Puedes preguntar lo que quieras.

—¿Cómo sé si existe ese mundo espiritual?

—Yo estoy aquí, tengo un nombre, me llamo Tormento, y entré en ella, en su mente, para oprimirla, simple y sencillamente porque ella es hija de ese que llaman Dios. Nuestro objetivo principal es atormentar a esos. No se nos pueden ir de las manos. Son nuestro objetivo.

—¿Para qué quieres atormentarla?

—Hay dos poderes, el nuestro, nosotros, los principados, las potestades, los que venimos de los infiernos y tenemos cabida en las personas... y el bien. Pero nosotros, yo, estoy interesado en destruir, en atormentarla para que ella no ore, no busque a Dios, se aparte y sea como los demás.

—¿Qué ganas con eso?

—Burlarme, porque entonces voy ante Dios y le digo: 'Mira, triunfé sobre la que Tú llamabas tu hija. Ella desistió... Ellos, todos los que decían no creer, no han creído porque desistieron, no insistieron. Aquí estoy yo todavía. No han podido.

—¿Para qué quieres triunfar?

—Porque es un triunfo del mal sobre el bien.

—¿Para qué?

El demonio rió de nuevo.

—El mundo está lleno del mal y por las poquitas cosas que hay del bien no podrán prevalecer sobre nosotros.

—No es deseable el mal.

—ES deseable.

—¿Qué puedo yo desear del mal?

—¿Tú? No sé. El mal está en tí. Vive en tí y vive en las personas, como yo vivo aquí. Pero yo soy Tormento. Yo atormento con el mal, con la destrucción, con lo feo, con lo corrompido, para destruir nada más, para deshacer. Está **dentro** de ti, en lo más profundo, pero yo estoy en la **mente** de ella, no **dentro** de ella sino en la mente.

—¿Es la misma persona la que está dentro de mí y dentro de ella?

—No. Los de ella somos diferentes a los que están EN tí. Hay muchas cosas.

—¿Tú puedes ver los entes que están en mí?

—Sí.

—¿Quiénes son?

—Bueno, hay Mentira, mientes, eres un incrédulo. Hay dentro de tí Blasfemia. No confías, no crees nada, tú no crees en ese que llaman Dios, no crees en El. Hay Egoísmo y Ambición. Eres una persona muy ambiciosa. Dentro de tí está todo eso y ni siquiera te has dado cuenta. Ni te interesa saber si te sirve o no, pero, está aquí, sí. Tú no eres propiedad que le interese al Santo, pero ésta —señaló a la mujer por la cual hablaba, —es propiedad que SI le interesa al Santo.

—¿Cuál Santo?

—Al Señor Dios.

—Puedes decir su nombre.

—Sí.

—¿No te duele?

—No, total ya tengo que irme, entonces ya no me duele. El es el principal. Ante El nos tendremos que doblar todos aunque no queramos. Si El ordena aquí yo y quien sea, nos tendremos que ir aunque sea un principe poderoso.

—¡Ah! ¿Entonces estás a punto de marcharte?

—Sí, tengo que irme, pero procuraremos quedarnos. El quiere, El...

—¿Quién quiere?

—Hay un nombre que está sobre todo nombre, y en el cual nosotros no podemos negarnos. Ese una vez nos venció en una cruz. Nos venció a todos. Nos pisoteó. Teníamos el mundo. Eramos poderosos, pero él nos venció. Ahora El es Aquel. Hay uno que se quedó aquí, que vive en ella. Es el Espíritu Santo. Y nosotros lucharemos y hemos luchado. Estamos bravísimos. Tenemos el mundo, lo tenemos, pero no la tenemos a ella, ni a esos que se llaman hijos de El. A ella no la podemos dominar. Hemos estado aquí por años, pero no hemos podido hacerlo. Aunque tengamos todo el mundo, no interesa. No me interesas tú, ya perteneces al Maligno. Me interesa ella. Nos interesan ella y ella, —dijo señalando a dos cristianas presentes. Por eso estamos todavía aquí, no sé hasta cuándo, por cuánto tiempo. Según lo que se ordene.

—¿Quién lo ordena?

—Lo ordena Jesús.

—¿Y El te está ordenando que te quedes o que te vayas?

—El está ordenando... no puedo, no estoy, autorizado para decir eso. Sólo él sabe hasta qué punto permanezcamos aquí y quiénes, pero son cosas únicamente de El. Yo no.

—¿El le ha ordenado a Satán que se vaya también?

—Satán es el principe, el rey de las tinieblas.

—¿Y le ha ordenado a él que se vaya?

—De los que son hijos de él.

—¿Y a él se lo han ordenado?

—El no tiene ninguna cabida. Satán no tiene ningún poder sobre los hijos de Dios.

—¿El se va a marchar, entonces?

—El está por allá, —dijo señalando los aires. El tiene aquí agentes, no es él el que está aquí. Somos muchos.

—El otro día yo lo oí hablando a través de Inés.

—¿A Satán? ¿A través de Inés? **¿Dentro** de Inés? —preguntó burlonamente.

—Sí.

—Dentro de Inés no puede estar Satán, —dijo riendo. Te estoy diciendo que ella es propiedad de Dios. Dentro de ella no pueden hablar. Esto es en su mente.

—¿De dónde estás hablando tú?

—De su mente, no estoy **dentro** de ella. Yo atormento su mente, de ahí.

—¿Satán no puede estar en su mente?

—Satán no. Satán es un ángel. Es nuestro rey, nuestro jefe.

—Me gustaría hablar con él, si pudiera.

—¿Hablar con él? Habla directamente con él.

—¿Ahora?

—Usted le pertenece a él, puede hablar con él en cualquier momento.

—¿Cómo se hace eso?

—Simple y sencillamente, todos los que no tienen a Jesús son de él, le pertenecen a él. No tienes que sacar audiencia. Solamente hablas con ellos. Vives con él, pero ella no, ni los que están en otra dimensión, en otro mundo, en el mundo de Aquel, del Todopoderoso.

—¿Quién fue el que se identificó como Satán hace unas semanas? —pregunté.

—Fue Ménguelesh.

—¿Haciéndose pasar por él?

—Sí.

—El es, **era,** ya no está aquí. Es que Satán, ustedes saben perfectamente que tiene **muchos** agentes, muchos príncipes.

—Pero, ¿por qué ese espíritu dijo que era Satán?

—Para confundirlos. Había un espíritu de confusión.

—¿Ya se fué?

—Sí.

—¿Quiénes quedan?

—Aquí hay: Tormento, el que está hablando, Muerte, Homicidio, Suicidio, Destrucción, Autodestrucción, Temor y Obsesión. Esos son, ya se los dije. Va a costar. Somos príncipes.

—¿Cuando se van a ir todos ellos? —continuó preguntando mi colega no cristiano.

—Yo no lo sé. Eso si no lo sé.

—¿Por qué Rita no los ha podido sacar todavía?

—Porque Rita no puede por ella misma. Es el Poderoso el que puede sacarnos.

—¿Por qué no ha podido El hacerlo?

—No sé. No sé. Yo no puedo saber eso. Eso sólo El lo sabe. Pregúntaselo a El, no a mí. Yo no sé.

—¿De dónde derivan ustedes su fuerza?

—Yo no puedo contestarte eso a tí.

—¿Por qué no puedes?

—Tú no tienes ningún poder para preguntar. No estás autorizado. Más bien ya te he dicho mucho.

De ahí en adelante, yo continué en el proceso de liberación hasta que el espíritu de tormento fue expulsado.

Hay personas que aseguran que todo lo que dicen los demonios es mentira. Cito este caso como ilustración de que los demonios si dicen la verdad cuando se les ata y se les ordena hacerlo. Probablemente en contra de su voluntad, este demonio dió una explicación bastante acertada sobre quién era él y cuál era su propósito en atormentar a esta mujer cristiana, incluso sobre su sujeción a Cristo. Se podría decir que, obligado por Dios, este demonio le predicó al psicólogo no cristiano.

12

Gean Carlo

Gean Carlo es un hombre casado, de 27 años de edad. Vino a mi oficina por insistencia de sus parientes, quienes le habían indicado en varias ocasiones que él debía someterse a una liberación. Desde que entró me dijo que él venía sin creer en lo que yo hacía. Estaba convencido de que le había "lavado el cerebro" a sus familiares con todas mis creencias sobre demonios.

Se presentó en una actitud desafiante y con la intención de demostrarme que todo eso era mentira. Lo reté a someterse a liberación aun sin creer en eso. Le dije que me parecía que el hecho de que hubiera venido a buscarme, a pesar de sus convicciones, era un paso adelante que Dios aceptaría.

Luego me comentó lo siguiente, posiblemente como parte de su desafío y en un intento de atemorizarme?

—Yo espero no dañarla si algo pasa, porque anoche soñé que la agarraba del cuello y la ahorcaba. La ví muerta en mis manos.

Le respondí que no se preocupara de eso, porque muchas personas que vienen para liberación sienten fuertes deseos de destruirme, pero que nunca han podido maltratarme. Le aseguré que yo estaba protegida por Dios y que nadie iba a poder hacerme daño, pese a los impulsos violentos que sintieran en mi contra.

Antes de entrar a liberación, indagué un poco sobre sus creencias y su pasado.

—No creo en nada —me dijo. Debe haber un Dios pero a mí no me consta. Habría que buscar la forma de acercarse a El, pero yo no he tenido interés en hacerlo. Cuando oigo una predicación lo que estoy haciendo es poniendo en duda todo lo que está diciendo el pastor. Me han dicho que soy el mero Satanás en persona. Yo no los contradigo. Tal vez tienen razón.

—La primera vez que la ví a usted, sentí un escalofrío. Me entró mucho miedo, pero me obligué a mí mismo a mantenerle la mirada y decidí venir a demostrarle que todo esto es una farsa, es un teatro que ustedes montan para convencer a la gente. Yo he estado en todo, gnosticismo, en desdoblamientos, drogas, hongos, reencarnación, mujeres. Ya no creo en nada.

—Una vez hice que le sacaba unos espíritus a una amiga mía para ayudarla. Ella estaba muy mal entonces, yo le hablé a los espíritus y les dije que salieran de ella y se metieran en mí. De repente se le quitaron todos los males que tenía, pero yo no sentí nada.

—Soy la oveja negra de la familia. Me burlo de todos los cristianos. Dos veces he estado a punto de divorciarme, pero mi familia me presionó. Me dijeron que me desconocerían. Yo no sé ni por qué no lo he hecho. Creo que por los niños y por mi propio ego de hombre. No me gustaría dejar a mi esposa y ver que se vaya con otro hombre.

—Toda la vida me ha gustado la milicia. Ahora estoy en una organización paramilitar. Me gusta mucho el entrenamiento y el ambiente.

—A los trece años tuve un tumor cerebral. Yo le pedí a Dios que me lo quitara y me curé. Mi familia dijo que era un milagro. Para mí que los médicos se equivocaron. Yo no creo en eso.

—Cuando yo nací dice mi mamá que Dios le dijo que yo iba a ser predicador. ¿Se imagina usted, yo predicador? Pobre mamá, ¡qué desilusión se ha llevado! A veces quisiera haberme muerto. No me soporto yo mismo.

Le pregunté si estaba dispuesto a la liberación espiritual. Me dijo:

—Haga lo que quiera. Yo no creo, pero si existen los demonios que me lo demuestren.

Le pregunté si estaba dispuesto a dejar que estuviera presente alguien que trabajaba conmigo en estos casos. Le expliqué que esta persona tenía dones de discernimiento y revelación, y que sus dones eran muy útiles en ciertos casos. Le señalé que ella no había escuchado nada de lo que habíamos hablado y si algo llegaba a saber, era porque Dios se lo revelaba para ayudar en la liberación. El aceptó que ella estuviera presente.

Pasé a mi asistente a la oficina y comenzamos a orar por discernimiento. Yo hice mi propia lista de demonios en base a lo que había conversado con Gean Carlo y ella hizo la de ella basada únicamente en lo que Dios le revelaba a su mente. Luego comparamos las listas y vimos que calzaban muy bien: espíritus de confusión, duda, incredulidad, temor, rebeldía, agresividad, violencia, ira, opresión, soberbia, burla, muerte, rechazo, adulterio, rencor, odio, improsperidad y resistencia. El hecho de que nos coincidieran nos confirmaba que íbamos por buen camino.

Eran bastantes los demonios que habían en él. Le enseñamos nuestras respectivas listas y le preguntamos si podía confirmar si él sentía todas estas cosas dentro de él. Las leyó y dijo?

—Pues si los demonios realmente existieran, estos serían los que estarían dentro de mí.

En eso llegó a mi mente un mensaje de Dios para él.

—Hijo mío, dura cosa es dar coces contra el aguijón. Tu soberbía y autosuficiencia están acabando contigo hasta el punto de que deseas no tener existencia, pero yo soy el que doy a todos la vida, el aire y las demás cosas. Soy yo el que les designo el tiempo y el lugar en que deben existir.

Se lo dije a Gean Carlo pero él no dijo nada. Luego mi asistente agregó.

—Dios me está diciendo los dones que te ha dado: evangelismo, consejería, enseñanza, fe, misericordia, intercesión, amor, servicio, sanidades y revelación en sueños.

Lo único que respondió Gean Carlo fue:

—¿Tantos?

Pero ví que eso lo había impactado.

—Bueno, ¿estás listo para enfrentar a los demonios? —pregunté.

—Sí, comience a ver qué pasa, —contestó.

Le pedí a Dios que lo librara a pesar de su falta de fe, que aceptara mi propia fe y mi propio convencimiento en lugar del de él y que hiciera caso omiso a la duda y a la incredulidad de Gean Carlo. Pedí su protección sobre los tres, nuestros parientes y posesiones. Até a los espíritus y les ordené, en el nombre de Jesús, que se manifestaran en una forma controlada. No hice más que hacer esa oración cuando Gean Carlo comenzó a sudar y a temblar.

Abrió los ojos muy asustado y susurró:

—¡¿Para qué vine?!

—¿Qué estás sintiendo? —le pregunté.

—¡Muy feo! —me dijo. Mejor no hubiera venido.

Le expliqué que lo que él estaba sintiendo era la manifestación del demonio, pero que no tuviera miedo porque eran sólo sensaciones desagradables, no había peligro de un daño real.

Reprendí a varios espíritus. El comenzó a moverse mucho en la silla y a retorcerse.

—¿Por qué estás tan incómodo demonio? —le dije al espíritu. ¿Te asusta el hecho de que te haya descubierto?

—¡Hija de p---! —exclamó furioso.

—¡Cállate y sal de él! —le ordené.

—¡No, no! —gritó varias veces.

—Sí, te vas a ir tú y todos los que estén ahí.

—No. El nos pertenece. Se entregó a nosotros.

—El vino aquí buscando liberación y Dios se la va a dar, —les repliqué. Dios no le falla a la persona que pone la confianza en El.

—No va a ser tan fácil —gritó rabiando el demonio. Nosotros no lo dejamos creer. El no puede creer.

—Creyó lo suficiente para venir aquí. Eso es lo más que él puede dar en este momento. Lo demás lo pongo yo, pongo mi fe y mi autoridad para dar la lucha.

En eso vino a mi mente la palabra "adulterio."

—Espíritu de Adulterio —dije....

—¡No! —gritó Gean Carlo. Yo quería que ese fuese el último. Tengo miedo. Si ese se va ¿qué va a pasar después? Tengo que dejar a mis amantes. Todavía no puedo.

—Espíritu de Adulterio —dije de nuevo, tú te vas primero. Fuera, en el nombre de Jesús. Vas a salir de él para que sea él mismo el que decida qué hacer con respecto a esas mujeres, sin tu interferencia.

Luchamos contra ese espíritu por una hora hasta que por fin salió. Le pedimos a Dios que llenara el espacio que había quedado vacío por la salida de ese espíritu con su presencia, para que no pudiera volver a él.

Se había hecho tarde por lo que decidimos cortar aquí para continuar otro día. A los dos días Gean Carlo llegó a una reunión en mi iglesia a buscarme. Al final del culto me preguntó si podia trabajar con él, que lo necesitaba urgentemente.

Le pedí a un muchacho de la iglesia que me acompañara a orar por él y nos fuimos a un cuarto pequeño. Comencé a enfrentar a los espíritus y Gean Carlo empezó a sudar y a estremecere. Luego su cuerpo se puso rígido y gritaba a un volumen tan alto que se oía por todo el edificio. Tres personas más vinieron al cuarto a ayudar.

Entre los presentes fueron llegando palabras de conocimiento (información revelada por Dios). Uno de los hombres le preguntó a Gean Carlo:

—¿Tuviste algo que ver con drogas?

—Sí, —respondió él.

—Es que Dios me está diciendo que un espíritu entró en ti una vez que te drogaste mucho. Tenemos que orar por esto.

Entre todos oramos pidiéndole a Dios que rompiera el efecto que le dejó el uso de drogas y ordenamos al espíritu salir. Este salió dando fuertes alaridos.

Otra persona dijo:

—Hay algo que te produce mucho miedo, ¿verdad?

—Sí, —contestó Gean Carlo, los gatos. Cuando yo estaba pequeño, mi hermano me encerró una vez en el baño con un gato. Yo me asusté mucho y desde entonces siento ese miedo.

Oramos para que Dios le sanara ese temor a los gatos y luego echamos al espíritu del temor.

Otro le preguntó:

—¿Usted tuvo que ver con alguien que practicaba brujería?

—Sí, —dijo Gean Carlo llorando. Una mujer. Ella ya está muerta. Desde hace tiempo he sentido que yo me voy a morir en la misma fecha en que murió ella, posiblemente el año entrante.

—Rompemos esa falsa profecía en el nombre de Jesús, —repliqué. El Señor dice: ''Yo, que deshago las señales de los adivinos.'' (Isaías 44:25). Esa profecía es una mentira y desatamos a Gean Carlo de ella. Espíritu de Muerte sal de él ahora mismo. En el nombre de Jesús te echamos de él.

El espíritu de Muerte dijo que tenía un asidero y que no se iba. Inmediatamente le dije a Gean Carlo:

—Siento que tienes que renunciar a esa organización paramilitar para que este espíritu se vaya. Tu entrenamiento militar te está preparando para matar y eso alimenta a este espíritu de muerte. De ahí es que saca fuerza.

—¡Ay! —dijo Gean Carlo. Yo no quiero. No quiero dejar la organización. Desde chiquillo quise ser militar. Me va a costar mucho. Yo sé que usted tiene razón, pero no sé como hacerlo. Siento que no puedo.

—Toma la decisión de hacerlo y verás como Dios te da la fuerza necesaria, —le dije.

—Bueno aquí va, —dijo él tomando fuerza. Dios, renuncio al entrenamiento militar. ¡¡AYUDAME!!

Ese grito de auxilio salió de lo más profundo de su ser. Estaba llorando fuertemente al pronunciarlo.

Su cuerpo se retorció y comenzó a gritar violentamente. Algunos reprendían. Otros orábamos y cantábamos a Dios. Una mujer leía pasajes bíblicos. Los gritos y los temblores corporales se prolongaron durante varias horas. Por fin, a las 12:30 de la noche, el espíritu de muerte salió. Era el último que quedaba.

Dios me dijo que pusiera mis manos sobre los pies de Gean Carlo y dijera:

—Estoy ungiendo estos pies con el evangelio de la paz. Llevarás mi mensaje a muchas personas. Ellos verán mi poder a través de tu experiencia.

Concluimos con una oración entregándole la vida entera de Gean Carlo, su cuerpo, mente y espíritu a Dios y le pedimos al Espíritu Santo que viniera sobre él en forma plena. Una semana después, Gean Carlo estaba predicando en una iglesia y contando su testimonio. Había dejado a sus amantes y al movimiento paramilitar.

Actualmente es un hombre activo en la Iglesia. El Señor lo está usando para ayudar a otros a través de los dones que le había anunciado desde antes de su liberación. Asi vemos que la profecía que Dios le había revelado a su madre cuando él nació era verdadera. El había nacido para servir a Dios y por fin llegó a cumplirse esto en su vida.

Testimonio de Jean Carlo

De niño habia estado muy abierto a las cosas de Dios. Me había criado en un hogar cristiano y había tenido dos experiencias de sanidad física que habían dejado una huella profunda en mí. A los diez años me había dado meningitis. Los médicos habían dicho que era difícil que viviera, pero mi familia había organizado una cadena de ayuno y oración por mí y me había curado.

Dos años después me habían hospitalizado por un tumor cerebral. La noche antes de que me operaran, yo había clamado a Dios y le había dicho que si El me sanaba, yo le entregaría mi vida para servirle. Esa noche Dios me habló. Me dijo que me estaba sanando y que al día siguiente yo podría irme para mi casa. Efectivamente, así fue.

En la mañana, los médicos me examinaron y el resultado de las pruebas mostró que el tumor había desaparecido. Ese mismo día me dieron la salida.

Es difícil entender cómo fue que después de haber estado tan cerca de Dios y de haber experimentado estas dos curaciones milagrosas, yo me alejé de El. El hecho es que entré en una etapa de rebeldía contra la iglesia, la religión y Dios.

Buscando nuevas experiencias me ví atraído por la filosofía de los hippies. Paz, drogas, vagancia y sexo libre formaron parte de mi estilo de vida.

Después de eso llegué al gnosticismo, al yoga, a la meditación trascendental y a las religiones orientales. Pero no me quedé ahí. Seguí investigando cosas nuevas. Supe de desdoblamientos y viajes astrales, de control mental y de encuentros con lo que supuestamente eran seres extraterrestres.

Cada vez me iba destruyendo más. Mi vida iba rumbo al desastre total. Cómo es que aun estaba casado, no lo sé, pero lo estaba.

Una noche estando con mi esposa en una cena familiar en casa de mis padres, la conversación se tornó hacia el tema de experiencias personales que distintos miembros de mi familia habían tenido en el campo de la liberación demoníaca.

Hablaban de lo bien que se sentían después de ser liberados. Mencionaban a una tal Rita Cabezas quien supuestamente había sido la persona que los había ayudado a liberarse.

Me entró una rabia tremenda mientras los escuchaba hablar de eso. Comencé a burlarme de ellos y a decirles:

—¿Cómo es posible que se dejen lavar el cerebro con esas tonterías? Yo que lo he probado todo sé muy bien que los demonios no existen. Esa tal Rita es una farsante. Lo que hizo fue sugestionarlos y ustedes cayeron en la trampa. ¡No sean tan ingenuos!

Ellos, sin embargo, parecían convencidos. En mi interior no podía negar que los cambios en ellos eran evidentes, pero jamás podía aceptar que era porque les habían sacado unos demonios. Ahí mismo tomé la decisión de ponerle fin a esas historias y de desenmascarar a esa charlatana que decía ser psicóloga cristiana.

En ese mismo mes conocí a una muchacha. Ella me buscó para que la aconsejara. Me contó sus problemas y lo mal que se estaba sintiendo. Dijo que creía que había espíritus malos que la atormentaban.

Yo decidí seguirle la corriente.

—Si crees que hay demonios que te molestan yo te los puedo sacar. Yo no les tengo miedo. A mí no me pueden hacer daño porque me crié como cristiano.

Me senté frente a ella y le hablé a los espíritus, ordenándoles que se pasaran a mí y la dejaran en paz a ella. La muchacha sintió un gran alivio y comenzó a llorar de alegría.

—¡Me siento de lo más bien! —exclamaba.

Yo me alegré por ella y pensé:

—¿Ves? Es sencillo. Es pura sugestión.

Al separarme de ella me sentí agotado, como si me hubiera echado encima una gran carga.

—No es nada, —pensé. Es sólo por haberme concentrado tanto en lo que hice.

Poco después, no sé ni por qué, acompañé a mis padres y a mi esposa a la iglesia donde Rita asistía. La música durante el culto me impactó. Por primera vez en muchos años sentí deseos de unirme a los cantos que aun permanecían en mis recuerdos de niño. Me extrañé de ver que los estaba disfrutando.

El pastor se puso de pie y dijo:

—Dios me está revelando que aquí hay varias personas con un fuerte dolor de cabeza. El quiere sanarlas. Pónganse de pie para orar por ustedes.

Tres personas se pararon y otros se desplazaron a ellos y comenzaron a orar.

—Ya se inició la farsa, —me dije para mis adentros.

—¡Qué gente más ingenua! ¿Cómo pueden creer eso? En un grupo tan grande de personas es lógico que haya varios con dolor de cabeza. Para eso no se necesita ninguna revelación divina. Si yo me paro y digo que Dios me indica que hay alguien con dolor de estómago, también se darían varios casos. ¡Qué ridículo!

Mientras se oraba por la gente, pasó adelante una mujer y dijo:

—Hay un mensaje para alguien que está muy afligido. Jesús te dice: 'El Espíritu del Señor está sobre tí, porque el Señor te ha consagrado; te ha enviado a aliviar a los afligidos. Te ha enviado a consolar a los tristes, a dar a los afligidos una corona en vez de cenizas, perfume de alegría en vez de llanto, cantos de alabanza en vez de desesperación.''

—También te dice: "Yo te daré consuelo: convertiré tu llanto en alegría, y te daré una alegría mayor que tu dolor.''

Mi esposa me codeó y me dijo:

—Esa es Rita.

En ese instante sentí un fuerte ardor en la cara, temor, cólera y ganas de matarla. No entendía qué era lo que me pasaba.

—Vamos, preséntamela —le dije a mamá.

—Yo quiero conocerla.

Deseaba enfrentarme a ella.

Nos acercamos al lugar donde estaba sentada y mi madre me la presentó. Rita fue muy dulce, muy amable conmigo. Yo, sin embargo, la desafié con una mirada. Algo dentro de mí la rechazaba. Quería despedazarla.

Lo extraño es que a la vez que sentía odio por ella, otra parte de mí le tenía miedo. Yo temblaba por dentro y sentía un fuerte impulso de salir corriendo.

Me dí la vuelta y me fui molesto, enojado. No soportaba estar frente a ella.

Unos días después le dije a papá:

—Sácame una cita con Rita Cabezas, pero no se lo digas a nadie.

El se alegró mucho pues pensaba que al fin me había convencido de que necesitaba ayuda. Lo que él no sabía era que lo que me impulsaba a tener ese contacto con Rita era un sentimiento de venganza por las mentiras que le había hecho creer a mis parientes. La odiaba. Quería demostrarle a ella y a mi familia que todo lo que ella decía acerca de los demonios era falso.

De lo que yo no me percataba todavía era que había otra motivación inconsciente para pedir la cita. Había en mí una débil esperanza de que lo que ella decía fuera cierto y entonces ella podría ayudarme. Eso lo reconozco ahora, pero en el momento no me percataba de ello.

El día acordado me presenté a la cita, pero ella no me atendió. Dijo que mi papá se había equivocado, que la hora y el día eran los correctos, pero que la cita era la semana siguiente.

Eso me enojó tremendamente.

—Esta mujer sabe a lo que vengo, —pensé. De alguna manera captó que yo vengo a echarle abajo su engaño y por eso no quiere enfrentarme. Tiene miedo.

Decidí no regresar.

—No voy a perder más tiempo con ella —me dije.

Pero cuando tomé esa decisión fue como si un torrente de pensamientos de desesperanza se abalanzara sobre mí. Mi mente estaba siendo bombardeada.

—Para mí todo está perdido. Ya Dios me desechó. Vine hasta aquí sacando el tiempo de mi trabajo y ella no me atendió. Todo se acabó.

—¿Y por qué estoy pensando estas cosas? —me pregunté.

Ahí me di cuenta de que muy en el fondo de mi yo deseaba que ella me ayudara a transformar mi desastre de vida. Me percaté de que ya estaba hastiado de mi existencia y de que no quería seguir viviendo así.

La indecisión de ir o no a la cita con Rita continuaba en mí. Había mucha ambivalencia. Poco a poco me iba dando cuenta de las distintas emociones que me halaban cada cual para su lado. Había una fuerte hostilidad que quería destruir a Rita y otra que la consideraba una farsante. Estaba también la parte que sentía temor de ella y aun otra que, muy en lo profundo, deseaba obtener algún tipo de ayuda de ella.

Tuve que luchar mucho con todos estos impulsos contradictorios, pero al fin resolví presentarme a su oficina.

Mientras esperaba en el pasillo a que Rita se desocupara, una voz me insistía:

—Vete, estás perdiendo el tiempo. Nada haces aquí. No vale la pena.

Yo, sin embargo, decidí quedarme.

Por fin se abrió la puerta y ella me pasó adelante. Una vez que estuve adentro, algo en mí se sintió atrapado.

Le dije a Rita que mi familia me había dicho que yo debía ser liberado. Yo era la oveja negra de la familia y todos se preocupaban por mí. Pero de una vez le aclaré que yo no creía en la existencia de demonios y ni siquiera sabía si creía en Dios. Estuvimos conversando sobre estas cosas un rato y luego ella me dijo:

—Bueno, tú no crees en los demonios, pero dime algo: si realmente existieran, ¿te importaría o no que hubiera algunos dentro de tí? ¿Te daría lo mismo si supieras a ciencia cierta que lo que causa tu deseo por las drogas, el alcohol y las mujeres son los demonios?

—No. —contesté, claro que no me daría lo mismo. Si yo supiera que realmente hay demonios en mí querría que alguien me los sacara, pero el hecho

es que nadie me puede probar que existen, porque
ni usted ni nadie me va a hipnotizar ni sugestionar
para que yo crea que existen.

—Bueno, —dijo ella, te propongo algo. Te reto
a hacer la prueba. Tú intentarás demostrarme que
no existen y yo trataré de probarte que sí. Como tú
estás tan convencido, no tienes nada que perder. La
que haría el ridículo si no existen, sería yo. ¿Aceptas?

—Sí, está bien —respondí. Haga usted lo que normalmente hace y yo me quedo aquí sentado con los
ojos cerrados. Veamos que pasa.

Cuando ella comenzó a orar, cuál no fue mi sorpresa al ver que todo sucedía tal como me lo habían
descrito mis parientes.

El proceso fue muy duro para mí. Cuando me dí
cuenta de que una fuerza extraña surgía desde mi interior y se apoderaba de mí, no podía creer que
realmente lo estaba viviendo. Esa fuerza usaba mi
boca para responder a las preguntas que Rita le hacía, sin que yo pudiera hacer nada para evitarlo. Sentí
pánico. Quería salir corriendo pero mi cuerpo no me
obedecía. No estaba bajo el control de mi propia
voluntad.

Cuando esas personalidades extrañas me domina-
ron, sentí una avalancha de sensaciones: rabia, llanto,
dolor, desesperación, burla, tristeza. Era como si un
ejército de seres negativos luchara dentro de mí para sacarme de ese lugar.

Una voz muy clara me decía a la mente:

—Ponte de pie y vete de aquí.

Pero otra voz me instaba:

—Continúa, al final del proceso hay sanidad y libertad para tí. Yo te sostengo.

Decidí obedecer a la segunda. Luché con todas mis

fuerzas para obtener el control de mi mente y de mi boca. En los ratos que lo lograba, clamaba a Dios:

—Si realmente existes, ¡ayúdame!

Fue muy duro para mí ver derrumbarse todas mis ideas y creencias.

—Entonces es cierto, —me decía. Sí existen los demonios y sí existe Dios. Ambos bandos me están hablando a la mente y los escucho como si fueran personas. ¿Cómo es posible? Yo no lo creía.

Las sensaciones corporales que experimentaba eran espantosas. Sufrí tremendamente. Creí que me iba a morir ahí mismo por lo que le dije a Dios:

—Si me muero, quiero morir contigo. No me quiero ir al infierno con esos seres. Me entrego a tí, ya sea para vida o para muerte.

Cuando todo hubo acabado ese día, salí contento. Sentía que había descargado algo. No tenía nada de fuerza en mi cuerpo, pero mi espíritu había vuelto a la vida. Me sentía fortalecido internamente.

Pasé muchas horas pensando en lo que había pasado esa mañana. Algunos de los pensamientos en mi mente me decían que yo había sido un idiota, que me había dejado engañar igual que mis parientes. Pero otra corriente en mi mente me aseguraba que lo que había vivido era real, que ese era el camino a la verdad.

Busqué a mis amantes y les dije que rompía con todo lo que tenía con ellas, que me había entregado a Cristo y eso me había cambiado.

Les pedí perdón por el tipo de relación que había mantenido con ellas y por el daño que les había causado.

Sufrí y lloré con cada una, porque las dejaba por obediencia a Dios, no porque yo deseaba hacerlo.

Si hubiera sido por mí, hubiera seguido con ellas, porque las quería y deseaba continuar la relación. Pero Dios me había hablado claro; yo tenía que dejarlas.

Fue lo más difícil que jamás había hecho. Yo estaba apegado a ellas. Estaba acostumbrado a su presencia en mi vida. Formaban parte de mí.

Entré en una profunda depresión. No sabía qué iba a ser de mi vida ni cómo iba a sobrevivir sin ellas.

—¿Con qué vas a llenar el vacío que te deja el apartarte de ellas? —me atormentaba una voz.

—¿En qué vas a gastar el tiempo que antes pasabas junto a ellas? ¿Con quién te vas a divertir? ¿Qué va a pasar con la que está esperando un hijo tuyo? Cuando tu esposa se dé cuenta lo más probable es que te deje. ¿Y todavía crees que entregarte a Dios te va a traer beneficios? Más bien parece haber más problemas ahora.

Esos ataques me desgarraban el corazón y el recuerdo de esa primera sesión de liberación me martirizaba. No soportaba la idea de tener que vivir de nuevo esa experiencia tan dura. No obstante, algo me decía que tenía que terminar lo que había empezado.

Dos días después iba a haber una reunión en la iglesia y me imaginaba que Rita asistiría. Pensaba en la posibilidad de ir para seguir mi liberación. Quería que todo terminara lo más rápido posible, porque la angustia que estaba viviendo me estaba consumiendo. Le pedí a Dios que acelerara las cosas para no sufrir tanto.

El sábado pasé todo el día con una lucha interna. Una fuerza muy poderosa dentro de mí no quería que yo fuera al culto y me daba todos los argumentos

imaginables para hacerme desistir de mi intención.
Pero había también otra fuerza, una que me empu-
jaba a ir y que me prometía victoria.

Cuando me bajé del automóvil para entrar a la iglesia, cada paso que lograba dar era una hazaña, porque la batalla que se estaba librando en mis adentros
era increíble. Una vez que logré entrar, comencé a
ser bombardeado con sensaciones tremendas de soledad, dolor, desánimo y angustia.

—El proceso no se va a poder terminar. Va a llegar otra persona más importante que yo y Rita se
va a ir a atenderla. No va a alcanzar el tiempo para
que me vea a mí. Mejor me voy. Estoy perdiendo
mi tiempo. Me cogió tarde para querer entregarme
a Dios. Ya no voy a poder cambiar.

Este era el contenido del torbellino que había en
mi mente mientras avanzaba el culto. El tiempo que
transcurrió se me hizo una eternidad, pero al fin terminó. La gente que deseaba que se orara por ellos
se dividió en grupos.

Aunque había pasado hora y media esperando que
se acabara la reunión, ahora estaba indeciso.

—¿Voy o no voy? ¿Y si Rita me dice que hoy no
me puede atender? Eso yo no lo soportaría. Seria
mi destrucción, porque necesito que sea YA. No
aguanto más el estado en que estoy.

El esfuerzo que tuve que hacer para ponerme de
pie fue sobrehumano. Me acerqué a Rita, muy te-
meroso, muy sumiso. Mi actitud en ese acercamiento
había sufrido un cambio dramático. En mí no quedaba nada de la hostilidad y la rebeldía que antes sentía ante ella.

—¿Puedes orar por mí un poco? —le pregunté.

—Sí, vamos a aquel cuarto para tener privacidad,
—me dijo.

—¡Qué alivio! No se había negado.

—Así comenzó mi segunda sesión de liberación.

Estoy seguro de que si hubiera sabido lo que iba a pasar esa noche, jamás me hubiera acercado a la iglesia. La manifestación del demonio fue diez veces peor que en la primera ocasión. Un espíritu surgió de su escondite, tomó posesión de mí y me obligó a gritar palabras obscenas que yo no quería decir.

Aullaba como un animal salvaje. Mi cuerpo se quedó rígido y mis músculos se acalambraron. Sentía la certeza de que iba a morir. Algo me estrangulaba y no podía respirar bien.

Cuando lograba hablar, le rogaba a Rita y a los otros que habían entrado a ayudar, que no me fueran a dejar en ese estado, que siguieran hasta que salieran todos los demonios.

—¡Dios! —clamé. Haz lo que quieras conmigo. Lo único que quiero es estar seguro de estar reconciliado contigo.

Ahí fue donde sentí el primer alivio, como si en ese momento Satanás me hubiera soltado de golpe. Empezó a entrar en mí una paz profunda que nunca antes había experimentado. Dentro de mí había un canto muy lindo, un canto que yo no conocía. Fue fluyendo en mí hasta comenzar a salir por mi boca. Me dí cuenta que los otros que estaban presentes estaban cantando la misma canción junto conmigo. Todos estábamos unidos en alabanza a Dios.

Yo tenía mis manos alzadas, como queriendo llegar a Dios. Era extraño. Mis manos estaban suspendidas en el aire, como atadas a algo invisible. Un calor agradable me invadía por las manos y la cabeza e inundaba todo mi ser. De lo más profundo de mi corazón brotaba una alegría hasta entonces desconocida para mí. Me sentía como sumergido en una piscina de gozo y bienestar.

Comencé a sentir que ahora mi vida valía algo, que estaba entrando en una plenitud de vida que era completamente nueva para mí.

Sentí que era bello ser cristiano, que entregarse a Dios era precioso, lo más sublime.

El Espíritu de Dios se movía dentro de mí. Me decía:

—Tú eres mi hijo. Te estoy limpiando. Te estoy sanando y liberando. Te estoy capacitando para servirme.

—Señor, —respondí, dispón de mi vida como lo desees. Dame fortaleza para soportar el resto de la liberación y ánimo para seguirte y hacer tu voluntad.

Después de ese descanso, experimenté de nuevo la presencia de un demonio. Fue terrible, un choque tremendo. Dijo ser un espíritu de muerte. Me costó muchísimo renunciar a todo lo que lo ataba a mí, en especial mi entrenamiento paramilitar. Le dije a Dios:

—Señor, tú sabes que no quiero renunciar a esto, pero si es necesario lo haré. Te suplico que me des la fuerza para hacerlo.

Cuando pronuncié la renuncia en voz alta, el demonio se puso furioso. Me amenazó con matarme. Sacudió todo mi cuerpo con convulsiones. Grité y grité por el dolor que sentía.

Algo se despegaba de mí y me despedazaba al desarraigarse. Con cada alarido que daba salía algo de mi boca, algo invisible pero muy real.

Por fin llegó la liberación tan ansiada. Dios inundó mi cuerpo, mi mente y mi espíritu con su presencia. Me sentí muy liviano. Me sentí limpio y

noble. Toda la carga de mi desastroso pasado había
sido quitada de mis hombros y me prometí a mí mismo que nunca más me alejaría de Dios ni habría nada que me obligara a tener que someterme de nuevo
a una liberación semejante. Decidí cuidar el trabajo
que Dios había hecho en mí aquella noche.

Ahora sabía que el precio de la maldad era demasiado alto. No me sentía en capacidad de pagarlo de
nuevo.

El proceso había sido muy vergonzoso. Cuando
Dios le comenzó a revelar a los que estaban orando
por mí todas las cosas de mi pasado, yo me sentía
peor que la basura más inmunda. Quería desaparecer de la faz de la tierra. Rogaba por que se abriera
un hueco en la tierra y me tragara. El peso de mi
pecado me estrujaba hasta sofocarme.

Fue una experiencia terrible. Dios les reveló cosas que nadie más que yo podía saber, al menos eso
era lo que yo había creído. Pero esa noche descubrí
que para Dios no hay secretos. Nada se le puede ocul-
tar. Todo lo malo que yo había hecho a escondidas
El lo trajo a la luz en ese lugar.

Quedé totalmente desmoralizado, desnudo ante los
ojos de Dios y de aquellos que estaban sirviendo como canales de su poder. Pero entendí que nada de
esto lo hizo para humillarme ni para dañarme sino
para librarme de todo aquello. Lo hizo para curarme, para bendecirme. Porque después de que yo me
quebranté delante de El, El mismo me levantó con
su amor.

Esa noche yo morí. Todos los que me conocieron
antes de esa experiencia saben que ese hombre ya
no existe. El que ahora vive es otro. Porque el que
se levantó esa noche era un hombre transformado,
un hombre nuevo.

De camino a mi casa, esa madrugada, el gozo emanaba de mí a torrentes. Era algo incontenible, maravilloso. Lo único que deseaba era servir a Dios. Ahora sabía que El realmente existía y que me amaba. Sabía que no había nada mejor en este mundo que estar unido a El. Descubrí la satisfacción del viajero errante que después de largos años de vagar por el mundo en busca de un tesoro, llega por fin a casa donde lo encuentra y ve que es mucho más valioso de lo que jamás había imaginado.

El día siguiente de mi liberación era domingo. Fui el primero en llegar a la iglesia. Se había desatado en mí una sed insaciable de Dios. Tenía que reponer el tiempo perdido en los años anteriores.

Yo había temido que la voz de Dios que había escuchado en mí durante la liberación fuera sólo para esa ocasión, pero no fue así. Continué escuchando su voz y aun la oigo. El me habla cuando escoge hacerlo. Me ha dado el don de conocimiento y me ha usado para liberar a otros. Los ministerios de los que me había burlado la primera vez que llegué a esa iglesia, fueron precisamente los que Dios decidió darme. No hay duda de que Dios tiene un buen sentido del humor.

Actualmente estoy estudiando en un seminario teológico, preparándome para ayudar a otros a encontrar el camino, el camino que yo, por la gracia de Dios, pude hallar hace algún tiempo. Ruego a Dios que levante más personas con los ministerios de liberación y de sanidad interior, porque la necesidad es muy grande y los que están dispuestos a llenarla son pocos.

Si Dios escoge utilizar mi experiencia para alcanzar a otros, la gloria es para El. ¡Aleluya! Dios existe y yo existo en El.

13

Sandy: Personalidad multiple

Sandy había estado en tratamiento bajo tres distintos psiquiatras por un período de aproximadamente diez años cuando buscó mi ayuda. Venía de los Estados Unidos de América con un diagnóstico primario de personalidad múltiple[1] y un diagnóstico secundario de neurosis maníaco-depresiva.

Cuando primero nos conocimos, su nivel de ansiedad era extremadamente alto. Se sentaba, se paraba, caminaba por el cuarto, miraba la ventana y expresaba el impulso que sentía por atravesar el vidrio con su mano; escondía su cara entre sus manos, se sentaba, se movía en la silla y así por el estilo. Se le dificultaba mucho la expresión oral. A ratos sus mensajes eran incoherentes. No podía completar los pensamientos que empezaba a comunicar. Estaba muy confundida, atemorizada y deprimida.

Me habló sobre su historia psiquiátrica y me informó que en ciertas épocas había tenido un mayor control sobre sus emociones del que tenía actualmente.

Comencé a explicarle mis propias interpretaciones de lo que le estaba sucediendo, mencionando brevemente, otros casos que yo había tratado, con los que ella podía identificarse. Ella escuchó lo mejor que pudo dentro de su confuso estado mental y respondió:

—Bueno, quizás algunas de mis personalidades sean demonios, pero no creo que todas lo sean, porque algunas no son malas, son sólo niños. Mi psiquiatra actual ha visto treinta de ellos hasta el momento. Algunos son muy destructivos y agresivos. Quizás **esos** sean demonios.

—Eso lo podemos averiguar. si es que estás dispuesta a someterte a un proceso de liberación espiritual, le contesté.

Ella se movió inquietamente por un rato y pensó sobre mi oferta de trabajar con ella. Finalmente dijo:

—Tiene mi permiso. Haga lo que normalmente hace en estos casos.

Até a los demonios que estaban en ella, en el nombre de Jesús, y les ordené manifestarse. Una transformación inmediata se hizo evidente en ella al tomar el control una personalidad muy desafiante.

—¿Quién eres? —pregunté.

—Te puedo decir el nombre que me ha puesto ella —respondió burlándose. Sandy me llama ''Lucinda''.

—¡No¡ —insistí. Te estoy ordenando que me dés tu nombre **real.**

—No te lo diré.

—¡Sí lo harás! —exclamé. Te ordeno decir la verdad en el nombre de Jesús.

Sandy volvió a ser ella misma y comenzó a gemir.

—Siento que mi cabeza va a estallar. Estoy muy confundida. Me están hablando a la mente. Dicen que no son demonios, que son mis personalidades, que no debí venir aquí. Están tratando de que me sienta culpable. Dicen que estoy haciendo lo equivocado, que los estoy dañando. Me dicen que me vaya para mi casa, donde mi psiquiatra.

—Estoy demasiado confundida. Paremos. No puedo seguir con esto. Tengo que irme. Lo siento.

Tengo que tomar el primer avión que pueda de regreso a casa. Necesito a mi psiquiatra.

Le dije que no trabajaría con ella en contra de su voluntad, que no la detendría. Le recomendé que no se fuera, pero a la vez le hice ver que la decisión era suya.

—Estaré disponible si cambias de opinión —le ofrecí.

Así que Ana, la amiga que la había traído, la llevó a casa en su auto. Ana me contó luego que había tenido que pelear con los demonios durante todo el recorrido a la casa, ya que habían estado manifestándose y tratando de hacer que Sandy se lanzara del automóvil para matarse.

Cuando la tía de Sandy vió el estado en que regresó, le dijo a Ana que no estaba de acuerdo con la liberación espiritual y que no permitiría ninguna comunicación más entre ellas dos.

—Ni siquiera la llames por teléfono —le dijo a Ana. No te permitiré hablar con ella. Yo soy responsable de ella mientras esté en este país y no te permitiré hacerle más daño. Creí que serías una buena amiga, que la ayudarías, pero ahora veo que no puedo confiar en tí.

Cuando Ana me informó lo sucedido, surgieron dos preocupaciones primordiales en mi mente. La primera era Sandy. ¿Qué iba a ser de ella? Los demonios habían amenazado con hacer que ella se matara y ya habían tenido éxito en provocarle varios intentos de suicidio en el pasado. Lo segundo que me preocupaba era mi reputación profesional. Sabía que el tío de Sandy era médico y que estaba totalmente en contra de la práctica de liberación espiritual. El no la aceptaba en lo absoluto. Si se lo proponía, podría causarme problemas.

—Señor —oré, por favor protégeme a nivel profesional. Este médico podría causarme dificultades. Esto no es algo que pueda manejar por mí misma, Padre. Quítame este problema de las manos.

Ana y yo organizamos varias cadenas de oración para interceder por Sandy. Le pedimos a Dios que tomara cartas en el asunto.

—Dios —imploré, si es tu voluntad que le ministre liberación espiritual, abre la puerta que se acaba de cerrar en mi cara. Tú eres el Dios de los imposibles. Tú te especializas en situaciones como ésta. Entre más imposible, mejor, porque así sabrán que fue tu poder el que eliminó los obstáculos. Señor, que tu nombre sea glorificado a través de esta experiencia.

En eso vino a mi mente un pasaje de Apocalipsis 3:7-8,13: "Esto dice el Santo, el Verdadero, el que tiene la llave de David, el que abre y ninguno cierra, y cierra y ninguno abre. Yo conozco tus obras; he aquí, he puesto delante de ti una puerta abierta, la cual nadie puede cerrar; porque.... has guardado mi palabra, y no has negado mi nombre... El que tiene oído, oiga lo que el Espíritu dice a las iglesias.

Lo busqué y cuando ví a quién estaba dirigido el mensaje, quedé boquiabierta.

¡Filadelfia! ¡Yo nací en Filadelfia, Pennsylvania!

—¡Gloria a Dios! —grité. Casi le reviento el tímpano a Ana. Quería tirar el teléfono al aire. Casi me había dado por vencida, pero Dios es fiel. El cumplió su promesa.

Ciertos pasajes de Habacuc vinieron a mi mente para recordarme que El estaba en control de la situación:

"Señor, ¿hasta cuándo gritaré pidiendo ayuda sin que tú me escuches?.... Miren ustedes.... estoy a punto de hacer cosas tales que ustedes no las cree-

rían si alguien se las contara.... Escribe.... Lo que
te voy a mostrar.... ¡Aún no ha llegado el momento
de que esta visión se cumpla, pero no dejará de
cumplirse! **Tu espera, aunque parezca tardar, pero
llegará en el momento preciso"**.

Un par de días después de esa conversación telefónica, nos reunimos para iniciar la liberación de
Sandy. Cuando comenzamos el enfrentamiento, los
demonios estaban muy resistentes a dar la información que les demandaba, pero poco a poco, sus asideros emergieron.

—¿Cuál es tu nombre real? —le pregunté al
demonio.

—Sordoloquith.

—¿Cómo entraste?

—En el hospital del condado. Un grupo de psiquiatras y enfermeras que pertenecen a una secta satánica la dedicaron a Satanás. Ella acababa de ser
revivida de su intento de suicidio. La llevaron al só-
tano del hospital a medianoche, el lunes y el martes
16 y 17 de octubre de 1975. Sacrificaron un cerdo,
un perro y un gato y regaron su sangre sobre ella.
Los animales fueron muertos en su presencia. Ella
estaba semiconciente. Sus ojos no estaban abiertos
todo el tiempo, pero a ratos se despavilaba. La un-
gieron con orina en las manos y la frente.

Presioné a los demonios a darme más información

—¡Sigan hablando! —ordené.

—Había un cadáver. El que fungía como sumo sa-
cerdote esa noche, su psiquiatra, le sacó los ojos al
cadáver y se los comió. Había una serpiente, una cas-
cabel, que estaba en una jaula. Le dieron a comer
carne humana del cadáver, como símbolo de vida
humana que se le ofrecía a Satanás. También le
dieron carne animal.

Además había una culebra pequeña no venenosa. La pusieron sobre el cuerpo desnudo de Sandy. Se enrolló alrededor de su cuello, muñecas y tobillos. Luego se deslizó por todo su cuerpo. Eso era para someterla y atemorizarla. Para entregarla a Satanás y a nosotros. La ofrecieron como alta sacerdotiza de Satanás.

—¿No requiere eso una entrega voluntaria? —interrumpí.

—Se supone que ellos tenían que conseguirla —respondió el demonio. Su psiquiatra lo intentó muchas veces. Trató de hacer que negara que creía en Dios, pero ella se negaba a decirlo en voz alta. La drogó y la hipnotizó, trató de quebrantar su voluntad, pero ella no lo hizo.

—Sin embargo, está marcada. Tiene el símbolo de Satanás en la palma de su mano izquierda, una estrella roja de cinco puntas dentro de un círculo negro. No se puede ver a simple vista, pero se hace visible cuando comienzan a pronunciarse las palabras de una misa negra. Se la hicieron con sangre.

Los tres que la estábamos ministrando colocamos nuestras palmas sobre la palma izquierda de Sandy y quebramos el poder de la marca satánica. La limpiamos por medio del poder de la sangre del Cordero de Dios. Sensaciones horribles recorrieron el cuerpo de Sandy mientras lo hacíamos. Le preguntamos al demonio si la marca había sido borrada y renuentemente confirmó que sí.

—Bajo hipnosis la programaron para olvidar todo lo que había pasado en esas noches —informó Sordoloquith.

En ese momento Sandy volvió a ser ella misma. Tenía miedo de continuar. Puedo sentir los demonios dentro de mí. Están por todo mi cuerpo —gritó.

Tengo miedo de que me tomen por completo y que no pueda controlarme. Quieren pegarte, Rita. Te odian.

—No te preocupes por eso —la calmé. No me pueden hacer daño. No importa lo que intenten hacerme; no lo lograrán. Estoy bajo la protección de Dios.

—Pero tengo miedo. No sé si están diciendo la verdad o no. Creo que sí, pero no estoy segura.

—Está bien Sandy. Déjanos el discernimiento a nosotros —le dije. Tu mente está demasiado confusa para discernir. Diles que tienen tu permiso para manifestarse. Necesitamos conseguir toda la información para poder deshacer el daño que te hicieron.

George Weinand, uno de los misioneros presentes, oró por ella. Le pidió a Dios que le asegurara que El la protegía. Entonces Gayle, su esposa, dijo:

—Sandy, ¿entiendes que lo que estás haciendo es exponiendo a una jerarquía tremenda en el ejército satánico? La única manera en que podremos hacerlo es si permites que se manifiesten y digan todo. No te pueden dañar. Tienes que dar la lucha y recuerda que Dios nos dice: "Si tienes que pasar por el agua, yo estaré contigo, si tienes que cruzar ríos, no te ahogarás, si tienes que pasar por el fuego, no te quemarás, las llamas no arderán en tí. Pues yo soy tu Señor, tu salvador". (Veáse Isaías 43:2-3).

Estamos aquí contigo. No te vamos a dejar desprotegida. Sandy, la carretera de la liberación de mucha gente pasa por tu corazón. Nosotros somos los puentes. Hemos puesto nuestras vidas sobre esas aguas tempestuosas para que tú puedas atravesarlas. Te vamos a ayudar, no importa cuánto tiempo nos lleve.

—Está bien —dijo Sandy. Lo haré. Ordeno a los demonios que hablen. Sé que están tratando de que yo piense que toda esa información es producto de mi propio inconsciente, pero no es cierto.

—Muy bien, Sordoloquith. Habla, en el nombre de Jesús. ¡Ahora! ¿Qué más necesitamos saber para quebrantar tu poder? ¿Cuál fue el contenido de ese mensaje de dedicación a Satanás? —le demandé.

—Cada parte de su cuerpo fue entregado a Satanás. Ella iba a ser utilizada para la destrucción.

—Fue sometida a actos sexuales con todos los humanos presentes, hombres y mujeres. También ciertos miembros del cadáver fueron utilizados para actos sexuales.

—Ella iba a hacer lo mismo que ellos. Iba a traer gente a Satanás. Seducir cuando la seducción fuera necesaria. Provocar dolor bajo una máscara de bondad. Ella iba a hacerlos creer que lo que hacía era por bondad, cuando en realidad, iría con otra intención. Sería utilizada para asesinar, cuando de eso se tratara, al igual que ellos. Un instrumento de guerra y odio. Puede que te rías de eso, pero es cierto. Quizás no a gran escala, pero da lo mismo que sea a escala pequeña o grande. Iba a cometer toda cosa concebible si.... si se sometía.

El demonio se quedó en silencio.

—¡Sigue hablando! —le ordené.

—¡Quiero matarte! —gruñó el demonio.

—Lástima que no puedes, ¿verdad? ¡Continúa hablando!

—Si ella consiente hacerlo, si podremos

—Sandy no va a dar su permiso. Está bajo el control de Dios por su propia voluntad. Tú sabes eso. Esa ha sido una decisión consciente en ella y tú no la puedes revocar.

—Pero podemos intentarlo —dijo el demonio burlándose.

—Al igual que intentaron quitarle el trono a Dios, pero eso tampoco lo lograron. El tiene mayor poder que ustedes... Lo que le hicieron a Sandy, ¿se lo hacen también a otros pacientes? —pregunté.

—Sí. Los médicos y las enfermeras tienen acceso a los cadáveres y a los pacientes, ¿verdad?.

No pudimos obtener más información del demonio esa mañana, pero después de ese día sí. Sandy ha mostrado una mejoría innegable durante los tres meses en que hemos estado tratándola y continuaremos trabajando con ella hasta que se complete su liberación.

El mensaje de fondo que se deriva de este caso es que Satanás ha logrado infiltrar el personal de un hospital psiquiátrico. Así como lo hizo en este lugar, puede hacerlo también en otros.

Dios está preguntando:

—¿No hay hijos e hijas mías dispuestos a servir de instrumentos de **mi** poder? Así como estos profesionales psiquiátricos se han prestado para servir a Satanás, ¿existen también personas que se ofrezcan para hacer **mi** trabajo en el mismo campo?

Satanás tiene que ser expuesto, desenmascarado. Dios necesita guerreros cristianos.

El Señor está preguntando:

—¿A quién enviaré, y quién irá por nosotros?

Hay alguien dispuesto a contestar como Isaías:

—Héme aquí, envíame a mí?

1.- PERSONALIDAD MULTIPLE: Trastorno psiconeurótico en que el individuo presenta dos o más estructuras diferentes de personalidad.

14

Psicología y demonios

A muchos les puede extrañar el título de este capítulo. "¿Qué pueden tener en común estas dos palabras, si más bien son conceptos opuestos?" se preguntarán. Pero para mí el tema es válido.

En la época medieval, muchos trastornos emocionales fueron diagnosticados erróneamente como posesión demoníaca. A la persona que presentaba los síntomas anormales se le sometía a toda clase de crueldades en el convencimiento de que al maltratar el cuerpo del enfermo, los demonios que estaban en ella se molestarían y se irían.

El desarrollo de la ciencia de la conducta humana hizo posible dar un trato más racional y más humano a ciertos casos. Sin embargo, considero que los científicos cometieron un grave error al eliminar del todo el diagnóstico de demonización.

Algunos psicólogos cristianos hemos redescubierto el diagnóstico de la demonización. Personalmente he investigado cientos de casos en donde la psicología[1] falló en su intento de curar un trastorno, mientras el tratamiento espiritual tuvo éxito en eliminar la conducta problemática. Esta investigación nos ha dado pruebas de que algunas patologías son causadas por espíritus malignos.

La Biblia es clara en su descripción de casos de demonización. Habla de estos fenómenos como algo diferente de estar enfermo o lunático. En Mateo 4:24, por ejemplo, dice: "y le trajeron todos los que tenían dolencias, los afligidos por diversas enfermedades y tormentos, los endemoniados, lunáticos y paralíticos; y los sanó."

Muchos psicólogos han querido convercerse de que los casos mencionados en la Biblia se refieren, en realidad, a enfermedades psicológicas que por falta de conocimiento científico no podían comprenderse correctamente. Pero yo no acepto esa postura. Creo que los autores bíblicos sabían exactamente de lo que estaban hablando.

Los acontecimientos y las conductas extrañas relatadas en la Biblia, continúan dándose hoy día. Las personas afectadas acuden primero a los psicólogos pero cuando estos fracasan en su intento de ayudarlas a volver a la normalidad, acuden desesperadas a las iglesias donde aun se practica el enfrentamiento espiritual, que por cierto, son escasas.

Estoy convencida de que más psicólogos deberían estar investigando este fenómeno ya que es bastante frecuente y tiene gran relación con su trabajo. Si lo hicieran, y pudieran observar lo que ocurre en las sesiones de liberación o "exorcismos," como se les conoce, se sorprenderían de ver los cambios dramáticos en la personalidad de los sujetos, escucharían a los demonios hablando de sí mismos como espíritus destructivos y vociferando su odio hacía Dios. Verían también la fuerza sobrenatural que adquieren los sujetos cuando el demonio se manifiesta en ellos y serían testigos del momento de su salida, el instante en que la persona queda totalmente libre de su influencia, volviendo a la normalidad, estado que permanece después de la sesión.

Son acontecimientos impresionantes y, para el que no está preparado para presenciarlos, aterradores. Las cosas que suceden son insólitas, completamente inexplicables desde cualquier punto de vista científico o racional. Basta estar presente en varias sesiones de estas para convencerse de que algo sobrenatural sucede en ellas.

Pero lo más impactante es el hecho de que no hace falta ninguna técnica difícil para lograr su curación, ni ninguna camisa de fuerza para inmovilizarlos. Unicamente se ordena al espíritu salir, y éste, con mucha rabia y a regañadientes, abandona la mente o el cuerpo de la persona, dejándola totalmente sana en el área afectada. Es la autoridad que hay en ese mandato pronunciado en el nombre de Jesús la que logra la curación.

Es fundamental reconocer la existencia de los demonios puesto que sólo si se comprende su manera de trabajar en la persona y se aprende a confrontarlos, se podrá ayudar a la persona influida por ellos.

Los espíritus inmundos no han desaparecido de la faz de la tierra sólo por que la psicología decidió desterrar la palabra ''demonio'' de su jerga científica. Siguen realizando su labor destructiva, sólo que con más libertad que antes, porque casi nadie sabe identificarlos y mucho menos enfrentarlos.

Ahora que los hemos vuelto a descubrir, podemos comenzar a desarrollar una mejor metodología para sacarlos, ya que ésta se quedó rezagada en la época medieval. Ahora se hace posible retomarla y avanzarla.

¿Qué son los demonios?

Son espíritus malos dedicados a destruir a los seres humanos apartándolos de su Creador. No poseen cuerpos físicos, pero sí tienen personalidades muy definidas. Pueden entrar en la mente o el cuerpo de una persona y producirle trastornos en su conducta o su cuerpo.

Los teólogos consideran que Isaías 14:12-17 y Ezequiel 28:11-19 se refieren a la historia de la caída del diablo. Satanás, el diablo, quien es el líder de todos los espíritus inmundos, fue en un tiempo arcángel de Dios, probablemente el más poderoso a su servicio. Pero se llenó de orgullo y del deseo de ser igual a Dios. Rechazó su sumisión a Dios y pretendió usurpar el lugar de su Creador.

Este es el mismo pecado que comete el hombre que se adhiere al humanismo, no querer reconocer que la raza humana fue creada por Dios y no puede vivir sin El. El humanismo pretendió darle al hombre el lugar de Dios. No ha querido darse cuenta de que algo que ha sido creado no puede existir aparte de su Creador.

Cuando Satanás se rebeló contra Dios, un grupo de ángeles lo siguió. Puesto que ya no estaban dispuestos a reconocer el predominio de Dios, El los echó del cielo a la tierra. Por esto dijo Jesús: "Yo ví que Satanás caía del cielo como un rayo" (Lucas 10:18). Aquí vinieron a tratar de establecer su reino. La Biblia habla de Satanás como "el dios de este siglo" (2 Corintios 4:4).

Es a este ejército de ángeles caídos que se refiere el pasaje de Efesios 6:11-12: "Vestíos de toda la armadura de Dios, para que podáis estar firmes contra las asechanzas del diablo. Porque no tenemos lucha contra sangre y carne, sino contra principados, contra potestades, contra los gobernadores de las tinieblas de este siglo, contra huestes espirituales de maldad en las regiones celestes.''

¿Cómo entran los demonios?

Existen varias vías por las que alguien puede caer bajo influencia o posesión demoníaca:

1. **Experiencias traumáticas.** Ejemplos: ser víctima de una violación sexual o un accidente serio, ser mordido por un perro, un internamiento en un hospital, abandono o maltrato en la niñez.
2. **Pecado.** Ejemplos: adulterio, robo, mentira, aborto provocado, idolatría (rehusar darle a Dios el primer lugar en su vida), resentimiento.
3. **Maldiciones.** Se puede maldecir a alguien por medio de la brujería o de magia negra, pero también puede ser algo tan sencillo como: ''¡Maldito seas!'', ''Ojalá te rompieras una pierna'' o ''nunca vas a servir para nada porque eres un inútil.'' Los padres programan constantemente a sus hijos con estos ''guiones de vida'' negativos, sin percatarse del poder psicológico y espiritual que tienen sus palabras.
4. **Herencia.** En Exodo 20:5, Dios dice que castiga la maldad de los padres que lo odian en sus hijos, nietos y biznietos. Los hijos pagan por los errores y pecados de sus padres. Si un padre está bajo la influencia demoníaca, sus hijos lo estarán también. Un hombre atado por un espíritu de temor, le heredará su temor a uno o varios de sus hijos. Sí una mujer pactó con Satanás por-

que era estéril y quería tener hijos, sus descendientes heredarán el cobro de ese pacto. Aun el haber sido concebido fuera de matrimonio (fruto de fornicación) podría ser una puerta de entrada para demonios.

5. **Involucramiento en ocultismo.** Si una persona o un allegado a él participa en prácticas ocultistas, es probable que esté influido por demonios, aun cuando este involucramiento haya sido por ignorancia o en forma de juego, como la ouija. Los demonios aprovechan todos los canales a disposición.

6. **Contaminación de los cinco sentidos.** Ejemplos: drogas, pornografía, películas de terror, música rock satánica, etc.

No tenerle miedo

Las enseñanzas bíblicas sobre el estar alerta a los ataques de los demonios han causado temor en muchas personas, pero esta reacción es un error para los cristianos. Jesús le dijo a sus seguidores en Lucas 10:19-20: "He aquí os doy potestad de hollar serpientes y escorpiones, (símbolos satánicos) y sobre toda fuerza del enemigo, y nada os dañará. Pero no os regocijéis de que los espíritus se os sujetan, sino regocijaos de que vuestros nombres están escritos en los cielos."

También les dijo Jesús: "El que en mí cree, las obras que yo hago, él las hará también; y aun mayores hará" (Juan 14:12). En pasajes como Mateo 8:28-33; 9:32-33; 15:22-28 y 17:15-21, leemos que Jesús se enfrentó con éxito a los demonios, obligándolos a salir de las personas a las que poseían. Esto significa que todo el que cree en Jesús como hijo de Dios tiene poder para hacer lo mismo. Por lo tanto, el cristiano no tiene nada que temer del diablo. Tiene poder para enfrentarlo y hacerlo huir. Por eso es que Pedro recomienda (1 Pedro 5:8-9): "Sed sobrios, y velad; porque vuestro adversario el diablo, como león rugiente, anda alrededor buscando a quien devorar; al cual resistid firmes en la fe." Y Santiago indica algo parecido (Santiago 4:7): "Someteos, pues, a Dios; resistid al diablo, y huirá de vosotros."

Síntomas de ataque demoníaco.

Entre los casos mencionados en la Biblia vemos una serie de síntomas. En Marcos 5:1-20 se menciona el caso de un hombre que los psicólogos diagnosticarían como psicótico. Vivía aislado entre las tumbas y atacaba ferozmente a todo el que osara pasar por ahí. Habían intentado atarlo con cadenas, pero su fuerza física era tal que hacía pedazos las cadenas. De día y de noche se escuchaban sus gritos por los cerros. Además se golpeaba a sí mismo con piedras. Esta es, obviamente, la descripción de una persona fuera de sí, alguien que ha perdido el contacto con la realidad. Por esto diríamos que estaba psicótico.

Jesús ordenó a los demonios salir de ese hombre. Les dió permiso de meterse en un hato de cerdos y así lo hicieron. Los dos mil cerdos se echaron a correr pendiente abajo y se ahogaron en el lago. Al momento, el hombre quedó en su sano juicio.

Muchas personas se han preguntado por qué Jesús permitió a los demonios meterse en los cerdos. Yo creo que fue como evidencia para los que presenciaron el acontecimiento de que algo destructivo había salido de ese hombre y había entrado en el hato de cerdos. No se puede argumentar que los cerdos se sugestionaron y tuvieron una reacción histérica.

Los cerdos no son seres humanos. Ellos no comprendían lo que sucedía. Sin embargo, algo tan malo entró en ellos que los llevó a la muerte y esto mismo hubiera sucedido eventualmente con ese hombre de no ser por lo que Jesús hizo por él. Para mí esto fue una prueba de la existencia de espíritus inmundos.

Hay otros síntomas que se mencionan en diversos relatos. En Mateo 9:32-34 leemos sobre un espíritu mudo, al salir de la persona, ésta pudo hablar. Mateo 12:22 menciona a un espíritu que causaba ceguera y mudez. En Marcos 9:14-29 hay espíritus que causan un tipo de epilepsia, sordera, mudez y conductas autodestructivas en un joven. El muchacho tendía a caer en lugares peligrosos como el agua y el fuego. En Lucas 13:10-16 se habla de un espíritu de enfermedad que hacía que la mujer afectada estuviera encorvada. En Hechos 16:16-18 se hace mención de una mujer controlada por un espíritu de adivinación.

A continuación hay una lista de los espíritus que personalmente he visto manifestarse en diversas personas. Los nombres con los cuales se identificaron son indicativos del tipo de trastorno que provocaban a la persona:

Abandono	Bloqueo
Adivinación	Brujería
Agresividad	Burla
Aislamiento	Cansancio
Angustia	Celos
Ansiedad	Codicia
Autodesprecio	Condenación
Avaricia	Confusión

Culpa
Debilidad
Depresión
Derrotismo
Desamparo
Desánimo
Deseo de huir
Destrucción
Dolor
Duda
Egoísmo
Engaño
Escapismo
Gula
Hechicería
Homicidio
Homosexualismo
Idolatría
Impaciencia
Improsperidad
Incredulidad
Indignidad
Inquietud
Inseguridad
Insomnio
Ira
Irritación

Lascivia
Legión
Locura
Lujuria
Maldición
Mentira
Muerte
Nervios
Odio
Opresión
Orgullo
Pereza
Rebeldía
Rechazo
Resentimiento
Resistencia
Robo
Ruina
Sexo
Soberbia
Soledad
Suicidio
Temor
Tormento
Tristeza
Vicio
Violencia

Como puede observarse, muchos de estos nombres tienen gran relación con la psicología. Si los demonios pueden provocar nerviosismo, inseguridad, ansiedad, depresión, derrotismo, locura, etc., ¿cómo no va a haber una relación estrecha entre la teología y la psicología? ¿A qué clase de profesional llevarían un hombre como el endemoniado que vivía en las tumbas? Lógicamente a un psiquiatra o a un psicólogo. Pero si estos profesionales no saben nada sobre cómo enfrentar a los demonios, lo van a encerrar en un hospital para "incurables" porque no van a poder volverlo a la normalidad. Ningún demonio se va por medio de electroshock, pastillas o psicoterapia.

Al que le quede alguna duda que lo intente. Se va a frustrar en sus esfuerzos porque los demonios sólo salen al ser enfrentados por un cristiano maduro en el nombre de Jesús. Ellos se burlan de los psicólogos que no los enfrentan espiritualmente.

Una vez un demonio al cual estaba enfrentando me dijo: "Tu psicología no puede hacerme nada. No te sirve en mi contra." Yo le respondí: "No te estoy enfrentando como psicóloga sino como hija de Dios." Contra eso no tuvo más argumentos, así que, se fue.

¿Qué áreas pueden afectar los demonios?

1. La mente.
2. Las emociones.
3. El cuerpo.
4. La vida espiritual: Oración, lectura bíblica, alabanza, etc.
5. El ambiente: la casa o el lugar de trabajo. Entre algunos de los acontecimientos que se han observado en el ambiente de personas endemoniadas están: bombillos que se revientan sin ninguna razón, objetos que se mueven del lugar en dónde estaban, puertas y ventanas que se abren y cierran de repente y sin explicación racional,

sombras extrañas, piedras que caen dentro del edificio sin que tengan por donde entrar, pasos sin que haya nadie en el edificio, muebles que se mueven de su lugar, olores extraños, temperatura anormalmente baja en el cuarto de la persona, aparición de animales en lugares donde no tienen por donde entrar, voces extrañas, etc.

¿Cómo se detecta a un demonio?

Existen varios factores que ayudan a identificarlo:

1. Observación directa de la persona afectada.
2. Lo que cuenta la persona misma o las personas que la conocen.
3. Acontecimientos sobrenaturales. Por ejemplo, cuando la persona entra al cuarto y los cuadros de las paredes se mueven, se oyen ruidos extraños en la casa, la cama se le mueve sola en la noche, etc.
4. Por el don de discernimiento de espíritus.

Discernimiento de espíritus.

Este don espiritual se menciona en 1 Corintios 12:10. Esta es una capacidad que Dios da a ciertas personas para que puedan saber si hay o no demonios en una persona, y si los hay, la clase de demonios que son o sus nombres. Esta información le llega a la mente de la persona por revelación directa del Espíritu Santo. Me parece que Jesús demostró el funcionamiento de este don en el caso relatado en Marcos 9:14-29. El padre del muchacho le contó a Jesús sobre los ataques epilépticos que le daban a su hijo, pero cuando Jesús enfrentó al demonio, se dirigió a él diciendo: ''Espíritu mudo y sordo, yo te mando, sal de él, y no entres más en él.'' El relato no indica que alguien le dijo a Jesús que el muchacho era sordomudo. Jesús lo supo ya sea por observación directa o por discernimiento.

¿Quién puede echar un demonio?

Hago hincapié en que tiene que ser un cristiano el que los enfrente en el nombre de Jesús, porque ''Jesús'' no es una palabra mágica que los haga salir. Los demonios saben muy bien quién tiene la autoridad para usar ese nombre y quién no.

Basta recordar la historia de los judíos exorcistas que intentaron echar a un demonio en el nombre de Jesús, ''el que predica Pablo,'' sin ser ellos seguidores de Jesús (Hechos 19:13-16). El espíritu maligno les contestó: ''A Jesús conozco, y sé quién es Pablo; pero vosotros, ¿quiénes sois? Y el hombre en quien estaba el espíritu malo, saltando sobre ellos y dominándolos, pudo más que ellos, de tal manera que huyeron de aquella casa desnudos y heridos.''

También es importante recalcar que el enfrentamiento debe hacerlo un cristiano maduro. En algunas iglesias enseñan que cualquier cristiano puede hacerlo. Teóricamente esto es cierto. Pero, desafortunadamente he visto algunos casos en donde los demonios se pasaron a una persona presente en la sesión de liberación, que era cristiana, pero que no tenía la firmeza espiritual requerida para gozar de una cobertura plena del Señor.

Han sido casos muy tristes ya que la intención de estas personas era buena al querer apoyar la liberación. Sin embargo, su buena intención no los protegió de salir dañadas. Por esto es que yo me opongo a que la liberación la hagan cristianos inexpertos.

¿Cómo se enfrenta a un demonio?

Cada caso que se maneje tiene sus variantes, pero a continuación se detallan los pasos básicos de una sesión de liberación:

1. Oración inicial pidiendo la protección de Dios sobre todas las personas presentes, sus familiares y posesiones, también pidiendo la unción de Dios para la liberación.
2. Tomar autoridad en el nombre de Jesús y atar a las fuerzas demoníacas.
3. Quebrantar toda resistencia a la manifestación, en el nombre de Jesús y ordenar al demonio que se manifieste, en otras palabras, que salga de su escondite y tome control de la persona ministrada, para responder a las preguntas que se le van a hacer. Es importante atarlo a la verdad para que no dé información falsa.
4. Ordenar al demonio que dé su nombre. Jesús hizo esto en el caso citado en Marcos 5:1-20. El demonio le respondió ''Legión, porque somos muchos.'' Teniendo su nombre se tiene mayor poder sobre él y así se puede saber el área afectada para luego confirmar si esa área realmente quedó libre.
5. Ordenar al espíritu inmundo que indique sus asideros para romperlos en el nombre de Jesús.
6. Orar para que Dios dé sanidad interior de las memorias difíciles, especialmente aquellas mencionadas por los demonios como asideros suyos.
7. Cortar toda herencia espiritual negativa de parte de ambos padres y sus antecesores.
8. Destruir el poder de toda brujería, maldición o pacto satánico, en el nombre de Jesús.

9. Ordenar al demonio que devuelva el control a la persona ministrada, o sea, quitar la manifestación cuando, por información que sale a la luz en el transcurso de la liberación, se haga necesario que la persona misma tome una acción. Por ejemplo, confesar un pecado o perdonar a alguien.

10. Orar para que Dios libere a la persona.

11. Alabar a Dios, cantar cánticos espirituales.

12. Leer pasajes bíblicos que enfaticen que el cristiano tiene poder para echar demonios, la victoria de Cristo sobre Satanás, salmos pidiendo la destrucción de los enemigos y sobre temas alusivos al tipo de demonio. Ejemplo: si es un demonio de nervios, leer pasajes sobre la paz; si es de vicio, pasajes sobre el dominio propio y cuidar el cuerpo que es templo del Espíritu Santo.

13. Orar y reprender en lenguas, especialmente si el demonio está hablando en lenguas satánicas.

14. Imponer las manos sobre la persona endemoniada, si Dios lo indica, para que estas sirvan de canal del poder de Dios contra los demonios. Muchos gritan: "Me estás quemando," lo cual indica que el poder de Dios está fluyendo.

15. Pedirle a Dios que:

a. Revele cualquier información que sea necesaria para completar la liberación.

b. Rompa la represión de recuerdos olvidados que estén dañando a la persona.

c. Rompa cualquier bloqueo que los demonios estén realizando para evitar que la liberación se termine.

16. Ordenar al demonio que salga de la persona. Enviarlo al abismo o a Jesús.

17. Pedir al Espíritu Santo que tome control de las áreas que están quedando libres con la salida del demonio.
18. Continuar el proceso hasta que todos los demonios sean expulsados. En algunos casos esto puede lograrse en una sola sesión, pero en otras puede llevarse muchas sesiones.
19. Dar seguimiento para asegurarse de que la persona madure psicológica y espiritualmente, a fin de impedir que los demonios encuentren áreas débiles que les permitan regresar.

¿Cómo es la manifestación demoníaca?

A veces el demonio hace su aparición sin que nadie lo provoque. Es muy corriente que esto suceda durante alguna reunión religiosa, donde está presente el poder de Dios o ante la presencia de alguna persona muy llena de Dios. Esto es lo que sucedió con el endemoniado gadareno quien vió a Jesús y comenzó a gritarle. Los demonios que estaban en él no soportaron el poder espiritual que había en Jesús y comenzaron a rogarle que los dejara en paz.

Otras veces los demonios no se manifiestan solos. Es necesario enfrentarlos verbalmente para que se manifiesten. Al hablar de que se "manifiestan" quiero decir que salen de su escondite dentro de la persona, toman control de ella completa o parcialmente y le causan alguna conducta visible en su cuerpo o hablan a través de la boca de la persona, ya sea utilizando la misma voz de ella o una diferente. Los ruidos que emiten pueden sonar incluso como ruidos de animal. Puede suceder también que hablen en un idioma desconocido para el endemoniado.

Entre las conductas observables que producen en la persona están las siguientes:

1. Convulsiones.
2. Temblor en el cuerpo.
3. Presión en la cabeza o el pecho.
4. Sensación de banda elástica alrededor de la cabeza u otra parte del cuerpo.
5. Temblor en los párpados (R.E.M.).
6. Sensación de frío o escalofríos.
7. Dolor.
8. Llanto.
9. Miedo.
10. Gritos.
11. Ruidos extraños.
12. Gemidos.
13. Blasfemias, maldiciones contra Dios o el que lo está enfrentando.
14. Risa incontrolable.
15. Carcajadas burlonas.
16. Ira, rabia.
17. Amenazas, insultos.
18. Ganas de destruir.
19. Súplicas de no echarlo.
20. Pedir permiso para meterse en otra persona.
21. Desasosiego.
22. Angustia, ansiedad.
23. Desesperación.
24. Ganas de salir corriendo.
25. Náusea.
26. Lenguas extrañas.
27. Hablar en idiomas reales que la persona no conoce.
28. Imágenes mentales desagradables.

29. Intentos de distraer.
30. Cantar o hablar sin parar para no escuchar lo que dice el que lo está enfrentando.
31. Ofrecerle tratos, poderes o riquezas al que lo está enfrentando.
32. Sensaciones extrañas.

¿Permitir o no la manifestación verbal?

Sobre esto hay mucha controversía. Muchos ministros ordenan al demonio salir sin manifestarse, como manera de proteger a la persona ministrada o porque creen que todo lo que el demonio dice es mentira. Aun otros lo hacen porque tienen dones de revelación por medio de los cuales Dios les revela lo que necesitan saber y esto hace innecesario que los demonios hablen.

Yo soy de la opinión contraria. Yo ordeno la manifestación, la prefiero. He encontrado que la manifestación tanto física como verbal puede ayudar a la persona endemoniada a creer que realmente son demonios los que la atacan y que no es simplemente sugestión o un ataque de histeria lo que está experimentando.

Por otro lado, la información que puede dar un demonio al hablar resulta muy valiosa para la comprensión de datos como: qué tipo de demonio es, el área de la persona que está bajo su dominio, el medio que usó para entrar, cuáles son las puertas abiertas, a nivel espiritual, que la persona necesita cerrar a fin de que el demonio no pueda regresar, los traumas inconscientes, personas a las cuales no ha perdonado, brujerías en su contra cuyo poder hay que romper, etc.

No es que la liberación del todo no se pueda

realizar sin esa información. A veces sí se puede, otras veces no. En ciertos casos el demonio no sale hasta que se descubra su asidero y se trate con él. Si esto sucede, lo que el demonio diga puede servir de mucho ya que él sabe bien cuál es su asidero, y bajo orden, se verá obligado a revelarlo.

Pero aunque no siempre es indispensable que el demonio hable, a mi juicio es conveniente que lo haga. He descubierto que los datos que el demonio aporta son valiosos para el trabajo posterior con la persona y como material preventivo.

Si la persona escucha al demonio decir que entró en ella por medio de un juego de ouija, por ejemplo, estará alerta a los peligros de este juego ocultista y evitará involucrarse más con él. Además, podrá prevenir a otros para que ellos también abandonen esa práctica. Sencillamente, es más conveniente para la persona oírlo del mismo demonio que oírlo del que lo está ministrando.

¿Tocar o nó al endemoniado?

Algunas personas creen que es peligroso tocar a una persona endemoniada, ya sea porque el demonio puede pasársele al que lo toca o porque puede hacerle daño. Si alguien tiene miedo de que el demonio se le pase, mi recomendación es que no participe en la liberación, porque el temor lo hace vulnerable al demonio. Este podría aprovechar ese temor para atacarlo de alguna forma.

Yo a veces toco a la persona endemoniada y a veces no. En muchas ocasiones he sentido la dirección de Dios de pararme y poner mis manos sobre alguna parte del cuerpo de la persona endemonida. Los resultados de esta acción me han convencido de que, efectivamente, el impulso venía de Dios.

Con frecuencia, el demonio ha comenzado a gritar en el momento de la imposición de manos: "No me toques. Me quema. Hay fuego en tus manos. Quítame las manos de encima. Me duele."

Otras veces la persona ha comenzado a liberarse por vómito o eructo, justo en el momento en que la toqué. Para mí esto es señal de que Dios puede usar las manos de un cristiano como canales de su poder liberador.

En muchos casos en donde la manifestación ha sido muy violenta, he atado verbalmente al demonio y le he ordenado quedarse quieto, en el nombre de Jesús, y esto ha sido suficiente para controlarlo. Sin embargo, en unos pocos casos esto no ha sido efectivo. En circunstancias como estas he visto al demonio intentar hacer daño a la persona endemoniada rasguñándola con sus propias manos, golpeando su cabeza contra el suelo, golpeando sus piernas con sus puños, haciendo que se muerda sus propios labios, apretando los dientes fuertemente y moviendo la quijada para tratar de quebrarle los dientes, usando sus manos para apretarse el cuello intentanto ahorcarse y otras reacciones como estas.

En estos casos he tenido que sostener fuertemente las manos o la cabeza de la persona a fin de evitar que se haga daño a sí misma. Considero que no se debe permitir que el demonio dañe físicamente a la persona afectada. Si se hace necesario inmovilizarla sosteniéndola entre varios, hay que hacerlo.

Los únicos daños que yo he presenciado han sido:

1. Una mujer a la cual lograron quebrarle un pedazo de un diente apretándole los dientes.

2. Otra a la que lograron reventarle unas venitas en los ojos por la presión tan alta que hubo en ellos cuando el demonio entró en sus ojos para intentar asustarme por medio de las miradas escalofriantes que me daba a través de ellos.
3. Rasguños y golpes.

A mí jamás han podido hacerme daño, pese a la multitud de amenazas que me han hecho. Han intentado patearme, rasguñarme, ahorcarme y tirarme objetos pero en esos casos únicamente ordené con firmeza al demonio bajar sus manos o sus piernas y una fuerza invisible lo obligaba a hacerlo. Lo más que me han podido hacer es escupirme. En esto he podido ver claramente la protección de Dios sobre mí y la realidad de la autoridad que Dios da a sus hijos.

No obstante, de vez en cuando se presenta un caso tan fuerte que es mejor correr los muebles y dejar que la persona se revuelque en el suelo hasta que el demonio se agote. Por supuesto, esto significa que la persona también quedará físicamente exhausta y adolorida de sus músculos, pero a veces esto no puede evitarse.

Hay que asegurarse de que la persona endemoniada se siente en un sillón fuerte y bien acolchado para protegerla de los golpes o de que la silla se desplome con el movimiento y se venga al suelo con demasiada violencia. Para una ocasión como esta, resulta muy conveniente trabajar en un cuarto alfombrado.

Los únicos casos en los que definitivamente recomiendo no imponer las manos es en el caso de que uno se encuentre ministrado a una persona del sexo opuesto que tiene un espíritu de lascivia o de sexo, o una persona del mismo sexo que tiene un espíritu de homosexualismo. He encontrado que el espíritu puede usar este contacto físico, para excitar sexualmente a la persona ministrada, y obviamente, esto hay que evitarlo.

Lo otro que no es recomendable, y desafortunadamente he visto a algunos pastores hacerlo, es poner las manos sobre zonas erógenas, en especial de personas del sexo opuesto o de un homosexual de su mismo sexo. Si realmente se está convencido de que es necesario imponer las manos sobre estas áreas porque el espíritu se esta agarrando de ellas, es mejor pedirle a la persona misma que ponga su propia mano ahí, y si es indispensable, poner la mano de uno sobre la mano de la persona. En caso de que la manifestación sea tan fuerte como para impedir que la persona colabore en esta forma, entonces que sea una persona del mismo sexo el que ponga su mano, nunca alguien del sexo opuesto.

¿Cómo salen los demonios?

A menudo usan una vía física para salir: vómito, lágrimas, sudor, temblor en el cuerpo, resoplidos, eructos, espuma por la boca o por la nariz, gritos, carcajadas, hemorragías, orina, pujos, estornudos, tos, bostezos, aire por los oídos. Es posible que la persona afectada sienta cuando salen. De repente dice: "Ya salió. Yo sentí cuando salió."

Otras veces el espíritu mismo dice: "Ya me voy." aunque en ocasiones esto puede ser un engaño para hacer creer que salió, cuando en realidad se volvió a esconder dentro de la persona.

En algunos casos no hay ninguna indicación ob-

servable de su salida, pero los síntomas se quitan y
ésta es la evidencia necesaria de que realmente ha
salido.

Hay personas que tienen un don especial que les
permite ver a los demonios. Ellas pueden ver donde
están ubicados en la persona afectada y si salen o
no del endemoniado. En los casos en que no se logra
que los demonios se manifiesten, es muy útil tener
presente a alguien con este don o con un don de revelación a través del cual Dios puede mostrar qué
es lo que está en la persona y si salió o no.

Llenar la casa.

Una vez que el espíritu malo haya salido, hay que
pedirle a Dios que llene el espacio que queda vacío
en la persona, con su Espíritu Santo, a fin de que
los demonios no puedan regresar.

La Biblia dice en Lucas 11:24-26: Cuando el espíritu inmundo sale del hombre, anda por lugares se-
cos, buscando reposo; y no hallándolo, dice: Vol-
veré a mi casa de donde salí. Y cuando llega, la halla
barrida y adornada. Entonces va, y toma otros siete
espíritus peores que él; y entrados, moran allí; y el
postrer estado de aquel hombre viene a ser peor que
el primero.''

Esto es precisamente lo que hay que evitar. Por
esto es indispensable que la persona se dedique a crecer espiritualmente y se llene de Dios todo lo que
pueda. En esta forma, si el espíritu trata de volver,
encontrará que la casa no está vacía, sino llena de
la presencia de Dios.

Obstáculos para la liberación.

Los demonios, generalmente tienen asideros. Un
asidero es algo en la persona que permite al demo-

nio tener control sobre alguna área de su vida: un pecado no confesado, falta de perdón hacía alguien, un trauma psicológico o una brujería en su contra. Todos los asideros deben ser tratados para poder quebrantar el dominio de los demonios. Si no se hace, cuando se le ordene al demonio salir, va a rehusar obedecer o se irá, pero luego regresará.

El pecado tiene que confesarse a Dios para que El lo perdone. Los traumas emocionales deben sanarse por medio del poder de Dios. Se hace una oración pidiéndole la sanidad interior de aquella persona. A veces hace falta psicoterapia o consejería para que la persona tome conciencia del origen de sus problemas. En otras ocasiones, Dios revela las raíces en la oración y las sana directamente.

El resentimiento y la falta de perdón tienen que enfrentarse. Si la persona no perdona, Dios no la puede perdonar a ella y tampoco la puede sanar o liberar.

Una vez estaba ministrando liberación a un hombre. Cuando le dije al demonio que se fuera me contestó: ''Yo no tengo que irme porque él no ha perdonado a fulano de tal por cierta cosa que le hizo.''

Desafortunadamente tenía razón. Por esto le ordené que le devolviera el control al hombre y así lo hizo. Le pregunté si era cierto lo que había dicho el demonio y me respondió que sí. Lo ayudé a perdonar a esa persona y luego volví a ordenar la manifestación.

El demonio surgió y me dijo: ''¡Me jugaste sucio!''.

''Tienes que irte, ¿verdad?'' —le pregunté.

''Sí'' —me dijo.

''Entonces vete ya'', —le ordené. Y el demonio

se fue sin poner resistencia alguna. ¿Por qué? Porque su asidero había sido roto.

Ocultismo.

Las hechicerías tienen que romperse en el nombre de Jesús. A menudo la persona no está consciente de que le han hecho brujería, pero los demonios sí pueden indicar quién los envió a hacerle daño a esa persona y qué tipo de brujería utilizó para hacerlo. Si los demonios no dan esa información, Dios la da por revelación. Aun cuando los demonios hablen, es bueno contar con el don de revelación para poder confirmar los datos aportados por los espíritus inmundos.

Las personas que se involucraron en ocultismo deben renunciar a esas prácticas. Pero eso no es suficiente. El renunciar y confesar ese pecado muchas veces no resuelve la demonización. Se necesita enfrentar a los espíritus que entraron, por esas prácticas y echarlos en el nombre de Jesús.

A veces no fueron las personas mismas las que practicaron cosas ocultas sino sus parientes o amistades. En ocasiones estos allegados han hecho cosas para ''ayudarla'' a su manera: para conseguir un novio, para que el esposo deje el licor, para que encuentre trabajo, para curarse o liberarse. Todo esto tiene que ser roto en el nombre de Jesús.

Muchas personas acuden a los hechiceros porque se dan cuenta de que tienen ataduras espirituales. Creen que los hechiceros pueden deshacerles las hechicerías que otros le han hecho. Pero esto es falso.

Lo único que logran con esto es quedar más endemoniados que antes. Posiblemente se curen o logren lo que querían, pero el diablo cobra ese ''favor'' por otro lado sin que la persona tome conciencia de ello.

La Biblia es clara en cuanto a eso. En Deuteronomio 18:9-15 Dios le advierte a su pueblo que no se involucre en las prácticas ocultistas de los paganos: ''Cuando entres a la tierra que Jehová tu Dios te da, no aprenderás a hacer según las abominaciones de aquellas naciones. No sea hallado en ti quien haga pasar a su hijo o a su hija por el fuego, ni quien practique adivinación, ni agorero, ni sortílego, ni hechicero, ni encantador, ni adivino, ni mago, ni quien consulte a los muertos. Porque es abominación para con Jehová cualquiera que hace estas cosas, y por estas abominaciones Jehová tu Dios echa estas naciones de delante de ti. Perfecto serás delante de Jehová tu Dios. Porque estas naciones que vas a heredar, a agoreros y a adivinos oyen; mas a ti no te ha permitido esto Jehová tu Dios. Profeta de en medio de ti, de tus hermanos, como yo, te levantará Jehová tu Dios; a él oiréis.''

En Lucas 11:14-23 vemos que Jesús dice que es imposible echar a un espíritu malo por medio de otro espíritu malo. Eso es un engaño. Desafortunadamente, la mayoría de los hechiceros y adivinos están convencidos de que ellos trabajan con un poder bueno, de Dios. Consideran que si usan la magia blanca, sólo para hacer el bien, eso no es pecado. Han caído en una trampa de Satanás porque Dios condena **toda** práctica de magia, hechicería y adivinación. Todo eso está controlado por Satanás vestido de ángel de luz, Lucifer, para engañar a muchas personas.

La única fórmula que dió Jesús para echar demonios es: ''a los que creen: En mi nombre echarán fuera demonios.'' (Marcos 16:17). ¿Por qué? Porque como dijo Jesús: ''Cuando el hombre fuerte armado guarda su palacio, en paz está lo que posee. Pero cuando viene otro más fuerte que él y le vence, le quita todas sus armas en que confiaba, y reparte el botín. El que no es conmigo, contra mí es, y el que conmigo no recoge, desparrama.'' (Lucas 11:21-23).

La persona endemoniada es la ''casa'' y el ''hombre fuerte'' que la defiende es el demonio. Pero viene otro más fuerte, Jesús, y le arrebata el control de la casa. El que no usa el nombre de Jesús, en lugar de recoger a esa persona para Dios, está empujándola a perderse.

Las personas que se involucran en ocultismo lo hacen porque tienen inquietudes y dones espirituales que nadie les ha enseñado a canalizar correctamente. Si en sus iglesias los ayudaran a identificar sus dones, a entenderlos y a desarrollarlos con la guía de Dios, ellos no caerían en la trampa de dejarse usar por los demonios.

La persona que ejerce las prácticas ocultas, está poniendo al servicio del diablo todos los dones que Dios le dió. A Satanás y los demonios les interesa apoderarse de los dones de la gente para utilizarlos para sus propios fines. Esto lo logran interesando a las personas con dones de poder en las prácticas ocultistas.

Cuando un espíritu de adivinación sale de una persona, ésta no pierde el don de profecía que Dios le dió. Más bien, el don queda libre para funcionar como debiera, bajo el control del Espíritu Santo. Si la persona toma conciencia de esto, le será más fácil abandonar la práctica de la adivinación.

Lo mismo sucede con la persona que tiene don de sanidad. En lugar de curar a la gente y que sea Satanás el que se lleve el crédito, podrá hacerlo para la gloria de Dios y sin dejar ningún efecto secundario de demonización.

El que tiene don de visión y está involucrado en ocultismo, tendrá visiones satánicas. El que tiene don de lenguas y está enredado con demonios, hablará lenguas satánicas. El que tiene don de revelación, lo tendrá también al servicio de los demonios. Una vez que la persona se libera en el nombre de Jesús, sus dones espirituales funcionarán únicamente bajo el control de Dios.

Herencia espiritual.

Existe otro asidero por el cual la persona no es responsable: la herencia espiritual que recibió de sus antepasados. En psicología esto se hace evidente pues la fuerza del modelaje hace que los errores que cometen los padres, se repitan en sus hijos y demás generaciones hasta el momento en que alquien decida enfrentarse con esa herencia y vencerla.

Esto significa que las generaciones actuales están pagando por la maldad de sus antepasados, por todo lo que ellos hicieron que estaba en contra de la voluntad de Dios. Y el único que puede remediar esto es Dios mismo.

Si la persona se allega a El y hace un nuevo pacto con Dios, pidiéndole que anule el castigo que cayó sobre ella a raíz de los pecados de sus antecesores y saque a los demonios que entraron en su vida por herencia, se romperá la ley de generaciones sobre ella.

Por esto se debe orar cortando toda herencia espiritual negativa sobre la persona, reemplazándola por la herencia de su Padre celestial quien afirma: "Y hago misericordia a millares, a los que me aman y guardan mis mandamientos." Exodo 20:6).

Susceptibilidad psicológica a la influencia demoníaca.

Cuando comencé a investigar el campo demoníaco, visité varios lugares, tanto católicos como evangélicos, en donde se practicaba la liberación espiritual. Noté que los que la ministraban no tomaban en cuenta para nada a la psicología. Se concentraban únicamente en sacar al demonio.

Yo notaba una relación entre el tipo de demonio que había en la persona y las características y traumas psicológicos de ésta. Incluso, ví que en ciertos momentos de la liberación, algunas personas revivían traumas de su pasado. Esto me llamó mucho la atención.

Después de estudiar más los acontecimientos que se dan en una liberación espiritual, he llegado a la conclusión de que determinado demonio no se mete en cualquier persona sólo porque sí, o sea, no es por casualidad que logra atacar a cierta persona. Tiene que haber un trauma subyacente o una debilidad en la persona que la haga susceptible a la influencia de ese demonio particular.

Un demonio de homosexualismo, por ejemplo, se mete en alguien cuyo trasfondo familiar y desarrollo sexual lo hacen susceptible a patrones de conducta homosexuales. No sé si esto significa que todo homosexual está bajo influencia demoníaca o no. Todos los que yo he tratado lo han estado, pero no sé si esto se puede generalizar. Sin embargo, por mi experiencia tiendo a creer que sí.

El expulsar el demonio de homosexualismo no va a resolver todo el problema. Esto es lo que muchos de los que ministran liberación no han comprendido aun. El demonio puede volver a esa persona si no se trabajan los aspectos psicológicos de su problema para comprenderlos y resolverlos.

Lo inverso también es cierto. El intentar operar un cambio en la identificación sexual de un homosexual endemoniado, tampoco va a funcionar si se trata sólo con psicoterapia. Además de lograr una comprensión de los factores psicológicos involucrados, es necesario expulsar al demonio a fin de que la cura sea completa y permanente.

Lo mismo puede decirse de alcohólicos, hipocondríacos, obsesivo compulsivos, esquizofrénicos, depresivos y gran número de personas sufriendo trastornos aparentemente psicológicos.

No obstante, esto no significa que una persona necesariamente tenga que ser tratada por liberación espiritual para ser liberada de influencia demoníaca. De lo que he observado, Dios, en su soberanía, libera a muchas personas directamente cuando se lo piden ellos mismos o cuando otros interceden por ellos.

Creo que Dios no siempre libra a toda persona de cada demonio que influye en su vida en el momento en que se entrega a El, ni cuando otros piden por él. Me parece que nos libra de algunos de nuestros demonios en esta forma, pero tengo la impresión de que a otros de los espíritus que influyen en nosotros los deja ahí para que nosotros mismos tengamos que luchar contra ellos y así, por experiencia personal, aprender a pelear una batalla espiritual. Esta es la mejor manera de fortalecerse en el uso del poder de Dios, a través de los enfrentamientos espirituales.

Dios es el que decide cuáles de los demonios nos quita de encima sin esfuerzo de nuestra parte y cuáles nos deja enfrentar a nosotros mismos. Sólo El puede conocer a cabalidad nuestra resistencia. De ahí la promesa de 1 Corintios 10:13 de que Dios no dejará que pasemos pruebas más duras de lo que podamos soportar y que junto con la prueba nos dará también la salida.

Psicoterapia, Sanidad Interior y Liberación
Como ejemplo de lo anterior citaré el caso de un pastor a quién traté. El había sido un alcohólico antes de entregarse a Dios, pero El lo había librado sin que tuviera que hacer ningún esfuerzo. Sin embargo, todavía tenía el problema del fumado, y aunque había luchado por resolverlo, el problema seguía ahí.

El mismo era un consejero con años de experiencia, pero no había podido ayudarse a sí mismo a dejar de fumar. Esto, por supuesto, dañaba mucho su imagen como pastor y su imagen de sí mismo. Se veía obligado a fumar a escondidas y esto le provocaba sentimientos de culpa.

Le pregunté si estaba abierto a la posibilidad de que su vicio estuviera siendo causado por un demonio. El respondió que nunca lo había considerado, pero estaba abierto a aceptar cualquier cosa que fuera de Dios que lo ayudara a dejar de fumar, así que pedimos discernimiento.

La respuesta de Dios fue afirmativa. Sí había demonios en su vida. Sin embargo, nos mostró que antes de que pudiéramos sacar a los demonios, este pastor necesitaba sanidad interior de ciertos traumas psicológicos que constituían los asideros de esos demonios.

Mientras mi asistente y yo orábamos por él, Dios lo hizo experimentar tres regresiones. Revivió estas situaciones de su pasado y Dios las sanó.

La primera había ocurrido después de nacer. Comenzó a llorar como un bebé y a decir: "Mamá, por favor no me dejes. Quiero a mi mamá." Yo extendí mi brazo sobre su pecho y él se agarró de él con mucha fuerza. Mi asistente puso sus manos sobre su cabeza.

Dios utilizó ese contacto humano para sanar ese recuerdo y transportarlo en el tiempo a su pasado. Se sintió como bebé desesperado por el calor del cuerpo de su madre y de pronto sintió que tuvo lo que deseaba.

El pastor nos contó después que su madre no le había dado el pecho pero que durante esa experiencia de sanidad, él había sentido el pecho de su madre, como si ella lo hubiera amamantado.

Esta era la raíz psicológica de su necesidad oral, la cual inconscientemente estaba tratando de satisfacer por medio del cigarro. Cuando ordenamos al demonio que revelara su asidero, esto fue lo que surgió. Bajo orden, el demonio tuvo que quitar su represión de esta experiencia y al salir del inconsciente Dios la sanó.

A continuación ordenamos a los demonios que revelaran todos sus asideros y esto hizo que surgiera el segundo trauma. Mi asistente tuvo una visión y lo comunicó en voz alta: "Estoy viendo un adolescente que se siente muy solo y muy triste." En el momento que lo dijo, el pastor se quebrantó y lloró amargamente.

—Exactamente así me sentía cuando era muchacho: solo, inseguro y deprimido. Lo estoy sintiendo ahora mismo.

Pedí a Dios que lo sanara y así lo hizo. Le quitó esas sensaciones negativas conforme las lágrimas corrían por sus mejillas.

Luego vino la tercera regresión. Para entonces el demonio estaba visiblemente manifestado, así que me dirigí a él:

—¿Quién eres? —pregunté.

—¡Ira! —exclamó.

—Deja que esa ira surja ahora, ordené. —¿Qué ocurrió que lo enojó tanto?

En lugar de contestarme, el demonio rompió la represión y permitió que él reviviera lo ocurrido.

—¡Tengo mucha ira! —gritó.

—Quiero ver esa ira —le dije.

—No te va a gustar —dijo él. —Es fea.

—Déjala surgir —ordené. —A mi no me va a asustar.

—Quiero agarrar un cuchillo para matarte —dijo él.

Le pedí a Dios que sanara ese recuerdo y lo librara de la ira que había sentido en esa ocasión. Después de la oración, el pastor explicó lo que había sucedido. Años atrás su hermano estaba gravemente enfermo. Este le había hecho algo que lo enojó tremendamente, pero como él estaba enfermo, no se sentía con derecho de pegarle. Sin embargo, la ira fue tal que no la había podido contener. Había tomado un cuchillo y lo había lanzado hacía su hermano.

Afortunadamente lo que le pegó fue el mango del cuchillo en lugar del filo. Pero el susto al ver lo que había hecho fue tal, que de ahí en adelante le había cogido miedo a su propia ira, temiendo que en otro arrebato pudiera dañar a alguien. Nunca más se permitió a sí mismo mostrar su enojo. Lo reprimía. Dios lo sanó para que no tuviera que tragar más enojo, puesto que la ira reprimida era campo fértil para el demonio de ira.

Después de estas experiencias de sanidad interior, que se dieron dentro del contexto de la liberación, pudimos enfrentar directamente a los demonios. Había tres que trabajaban como equipo para hacer que este hombre fumara: Inseguridad, Ansiedad y Vicio. Ellos hablaron primero a la mente de mi asistente. Esto fue posible por el tipo de dones espirituales que ella tiene.

—No queremos irnos —dijeron. —Con el fumado estorbamos su ministerio. Si nos vamos, Dios lo va a usar grandemente, aun en liberación. Nosotros tenemos que impedirlo.

Luego, el demonio de vicio se manifestó y habló directamente por la boca del pastor. Dijo:

—Pero si él me quiere. Yo le doy placer y a él le gusta.

El pastor mismo tomó el control y le respondió al demonio muy convincentemente:

—Yo renuncio a ese placer que me das. No quiero tu basura en mi cuerpo nunca más. Dios me de placer real. El tuyo es ficticio, es un engaño. Escojo quedarme con lo que me da Dios y te desecho a tí.

Una fortaleza impresionante le entró en ese instante. El pastor se puso de pie, caminó hacia su maletín ejecutivo, sacó de ahí sus cigarrillos y exclamó:

¡Esto es muy difícil para mí!

Inmediatamente despedazó los cigarrillos en sus manos, los lanzó violentamente al suelo, los pisoteó con rabia, y por fin comenzó a reírse.

—¡Me siento tan libre! —exclamó. Nunca había podido hacer eso. Fumé durante treinta y cinco años y ésta es la primera vez que he podido destruir mis cigarrillos. ¡Gloria a Dios! ¡Gracias Jesús!

Dios nos guió a tomar autoridad sobre los síntomas de retiro de droga para que éstos no lo atacaran al dejar de fumar. Así lo hicimos. Además, hablamos a su cuerpo, en el nombre de Jesús, informándole que ya no iba a necesitar más tabaco, pues Dios estaba supliendo sus necesidades.

Otra cosa que Dios nos indicó hacer fue que oráramos por él durante cuatro días y ayunáramos el cuarto día. En esto también obedecimos.

Desde ese día no volvió a fumar. En los próximos días él experimentó unos dolores de estómago muy leves. Eso fue todo.

Esto es una ilustración clara de un problema de conducta persistente que se resolvió en un plazo muy corto por medio de un tratamiento que combinaba la sanidad de factores psicológicos a través de la oración con la confrontación de fuerzas espirituales en el nombre de Jesús.

He obtenido resultados similares en muchos casos de diversos síntomas. Por esto estoy convencida de que las personas que ministran la liberación espiritual deben tener una buena comprensión de los procesos psicológicos que se dan en aquellos a los que ministran. Recomiendo que convinen la liberación con la sanidad interior y la psicoterapia para resultados óptimos. Todos estos campos están íntimamente relacionados.

1.- PSICOLOGIA: La definición de este término varía de acuerdo a posiciones ideológicas y científicas. Si se considera desde un ángulo científico, se refiere al estudio de la conducta y ajuste humanos; en lo ideológico, al estudio del alma, sus efectos e interacciones con el cuerpo.

15

Consejos prácticos para el que ministra liberación

Prepárese en su vida personal

1. Asegúrese de que esté en una buena relación con Dios y con el prójimo. Satanás conoce bien a las personas. No puede ser burlado en este aspecto.

   Recuerde el caso de los exorcistas judíos (no cristianos) que intentaron invocar el nombre del Señor Jesús sobre los que tenían espíritus malos diciendo: "Os conjuro por Jesús, el que predica Pablo....Pero respondiendo el espíritu malo, dijo: "A Jesús conozco, y sé quién es Pablo; pero vosotros, ¿quiénes sois? Y el hombre en quien estaba el espíritu malo, saltando sobre ellos y dominándolos, pudo más que ellos, de tal manera que huyeron de aquella casa desnudos y heridos."(Hechos 19:13-16) No cito este ejemplo para asustar a nadie ni para frenar su entrada al ministerio de liberación. Lo menciono para señalar que los demonios conocen a Jesús y saben quién realmente le pertenece y quién no. También pueden estar enterados de nuestros pecados por lo que es indispensable haberlos confesado antes de ministrar y estar firmes en la promesa de Dios de perdonarnos.

Si durante una lucha con un demonio, éste le echa en cara algún pecado suyo que no haya confesado previamente, confiéselo en ese mismo instante y acepte el perdón de Dios por esa falta. Entonces si puede decirle al Acusador: La palabra de Dios dice: "Si confesamos nuestros pecados, él es fiel y justo para perdonar nuestros pecados, y limpiarnos de toda maldad"(1 Juan 1:9). Ya Dios me perdonó y no acepto tus acusaciones.

También puede ocurrir que un demonio lo acuse falsamente, en especial si está ministrando junto con otras personas, como una manera de avergonzarlo frente a ellas. En tal caso, ate su lengua mentirosa, repréndalo y ordénele que hable únicamente con la verdad.

2. Es importante que usted mismo haya experimentado la sanidad interior y la liberación en su propia vida. Esto no significa que no va a tener tentaciones ni conflictos de ningún tipo, pero sí quiere decir que debe estarlos enfrentando adecuadamente.

3. A mi juicio, toda persona, en especial la que ministra en liberación, debe tener personas que la protejan y apoyen en oración. Además debe tener comunicación con alguien que le sirva de consejero y al cual pueda confiar sus propios problemas personales para así contar con ayuda para sí mismo.

A principios de 1985, Dios me dio un mensaje para que lo comunicara a las personas de mi iglesia y en él se refiere a este asunto. Esto es lo que me dijo: "No quiero que ninguno de los que ministran sienta que además de ministrarle a otros, debe ministrarse a sí mismo en todas sus necesidades. Quiero que se ministren unos a otros. Que el que ministra sanidad física le ministre al que ministra liberación y que el profeta le ministre al que predica, y así todos ministren y también sean ministrados. Que ninguno de los que ministran sea orgulloso, sino que acepte con humildad y agradecimiento la ministración de otros para con él. Así es como quiero que funcione mi iglesia, todos ministrando y, a su vez, siendo ministrados. Todos en armonía, sirviendo y siendo servidos, para que las necesidades de todos sean satisfechas y no se recargue el trabajo sobre ninguno.''

Para el que ministra liberación, esto es indispensable pues rápidamente se convierte en blanco de muchos ataques espirituales a fin de disuadirlo de continuar luchando en ese campo. Sin embargo, no hay que temer esos ataques. Recuerde que Jesús nos habló sobre esto y nos alentó a seguir adelante: ''Estas cosas os he hablado para que en mí tengáis paz. En el mundo tendréis aflicción; pero confiad, yo he vencido al mundo. (Juan 16:33).

4. Comprenda bien mi recomendación de prepararse en su vida personal. No lleve esto al extremo de esperar ser perfecto antes de comenzar porque entonces jamás se decidirá a hacerlo. La Biblia dice que ''el que comenzó en vosotros la buena obra, la perfeccionará hasta el día de Jesucristo.'' (Fil. 1:6). Esto indica que a lo largo de nuestra vida, el Espíritu Santo nos irá transformando y perfeccionando, es un proceso y es en medio de ese proceso que Dios nos utiliza para ayudar a otros.

5. Es posible que como parte de su preparación personal para el enfrentamiento espiritual, Dios le indique que debe ayunar. Recuerde la ocasión en que los discípulos fracasaron en su intento de liberar al muchacho mencionado en Mateo 17: 14-21. Jesús reprendió al demonio quien salió dejando sano al muchacho. Luego dijo a sus discípulos que les faltaba fe y que ''este género no sale sino con oración y ayuno.''

Yo he tenido enfrentamiento con demonios de este género. Una vez intenté liberar a una mujer que tenía facultades de médium. Tenía años de estar muy enferma. Dos veces enfrenté el demonio sin tener éxito, ni siquiera logré que se manifestara. Le pedí a Dios que me diera una guía de cómo quebrantar el poder de ese espíritu y El me indicó un ayuno de tres días: el primer día comer solo fruta y verdura, el segundo día sólo tomar agua y el tercer día fruta y verdura. Dijo que debíamos hacerlo las dos personas que íbamos a ministrar y también la mujer que sería ministrada. Seguimos al pie de la letra su mandato y en la tercera sesión de liberación, el demonio se manifestó violentamente y comenzó a salir.

Sea amplio en el diagnóstico

El que ministra liberación debe saber también de psicología y, si es posible, hasta de rudimentos de medicina para no caer en la estrechez de interpretar todo problema o síntoma como algo causado necesariamente por demonios.

El ser humano es un cuerpo, alma y espíritu integrados en una sola unidad. Lo que afecta a una de sus dimensiones afecta también a las otras. Esto a menudo dificulta el diagnóstico.

Un tumor cerebral puede producir síntomas que podrían diagnosticarse erróneamente como un trastorno psicológico. Una histeria conversiva en la que la persona de repente queda paralizada o ciega, podría verse equivocadamente como un problema orgánico. Una crisis convulsiva no necesariamente indica epilepsia. Podría ser causada por un alto grado de tensión en la persona o por un demonio. Echar espuma por la boca no tiene que significar que un demonio está saliendo. Podría ser epilepsia o rabia. La depresión podría deberse a un agotamiento físico por exceso de trabajo y falta de descanso y recreación.

La sordera podría no ser orgánica ni psicológica sino espiritual, o incluso, podrían ser las tres a la vez. En otras palabras, es posible que haya un daño orgánico en el oído, un problema psicológico que hiciera desear a la persona no escuchar ciertas cosas desagradables de su ambiente y que además, hubiera un espíritu de sordera. Si el tratamiento contempla únicamente una de estas dimensiones, es probable que la persona no recupere su facultad de oir.

Si se es sensible a la voz de Dios, El puede indicar el diagnóstico completo y también el tratamiento necesario. En muchas ocasiones, durante una ministración, Dios me ha indicado imponer las manos para sanidad física de alguna parte afectada, a la vez que me ha mostrado que debo orar por sanidad interior de cierta experiencia traumática en el pasado de la persona. El ser humano es integral y por esto, para lograr la solución total, debe cultivarse la mayor cantidad de dones y conocimientos como sea posible. De esta manera se puede estar preparado para enfrentar problemas en cualquiera de las tres dimensiones del ser humano.

La persona que acude a usted no sólo necesita liberación. Requiere que la escuchen, que le den la oportunidad de vaciar sus cargas ante alguien que la comprenda. Necesita alimentarse y crecer espiritualmente por medio del aprendizaje de la Palabra. Tal vez tenga que tomar alguna decisión importante como cambiar de trabajo, independizarse de sus padres, iniciar estudios, congregarse en una iglesia, desarrollar sus capacidades artísticas, iniciar algún plan de ejercicio físico o mejorar su dieta. Son tantos los factores que insiden en que una persona disfrute de la vida en abundancia que Cristo vino a traerle. La labor suya como consejero o ministro consiste en ayudarle a descubrir cuál es el ''ladrón'' que le está robando, matando y destruyendo, y este no necesariamente es un espíritu malo (Juan 10:10). Perfectamente puede ser una mala distribución del uso de su tiempo, una necesidad de enfrentar una situación difícil o una enfermedad física. Si usted descubre problemas que están fuera de su ámbito de trabajo como ministro, recomiéndele a la persona que consulte a un médico, a un psicólogo o a otro profesional que pueda ayudarlo.

No es que debe segmentarse al ser humano indicando que el ministro trata su espíritu, el médico, su cuerpo y, el psicólogo, su alma. La persona es una sola, pero debe ser tratada en todas sus dimensiones. Es importante comprender cómo se relacionan todos los aspectos de cada una de la áreas. Por ejemplo, si una persona se enferma de hepatitis el día de su boda, lo más probable es que se deprima y que además se enoje con Dios por permitir semejante situación. Necesita atención en sus tres dimensiones si ha de encontrar una cura total.

Sin embargo, para mí, la dimensión espiritual se sobrepone a las demás, por lo que cabe la posibilidad de que por vía espiritual se pueda sanar el ser total. Por esto, no deseche la idea de que Dios quiera realizar el trabajo completo a través suyo. Si Dios le indica imponer las manos para que por medio de ellas fluya el poder sanador de Dios, ¡hágalo! Y si le muestra que debe orar por sanidad de los recuerdos, ¡hágalo! Y si, además, le ordena expulsar un demonio, ¡hágalo! Dios se glorificará en esa persona en una forma maravillosa si usted sigue su dirección.

16

¿Cristianos endemoniados?

Me crié bajo la creencia de que es imposible que un cristiano verdadero pueda estar endemoniado porque un espíritu inmundo no puede hacer morada en un cuerpo habitado por el Espíritu Santo. Esta doctrina, me habían dicho, estaba apoyada en citas bíblicas como 1 Juan 4:4: "Hijitos, vosotros sois de Dios, y los habéis vencido; porque mayor es el que está en vosotros, que el que está en el mundo." 2 Corintios 6:14-16 "No os unáis en yugo desigual con los incrédulos; porque ¿qué compañerismo tiene la justicia con la injusticia? ¿Y qué comunión la luz con las tinieblas? ¿Y qué concordia Cristo con Belial? ¿O qué parte el creyente con el incrédulo? ¿Y qué acuerdo hay entre el templo de Dios y los ídolos? Porque vosotros sois el templo del Dios viviente."

Esta creencia me hacía estar muy tranquila en cuanto a mi invulnerabilidad ante los demonios, hasta que decidí comenzar a investigar el campo de la liberación de fuerzas demoníacas. Empecé a tener experiencias directas con espíritus inmundos y empecé a escuchar a los demonios hablando a través de las bocas de personas cristianas. ¡Esto destruyó mi tranquilidad! Comencé a experimentar una especie de convulsión mental al ver derrumbarse mis creencias.

—¡Señor! —exclamé. Se supone que esto no puede pasar. Esto no calza con mi teología. Es imposible

que un demonio hable por la boca de un cristiano.
¿O no? ¿Cómo es que está sucediendo frente a mis
propios ojos y oídos?

Intenté encontrar respuestas.

—Quizás no sean demonios —me dije a mí misma. Quizás sean casos de personalidad múltiple. Pero, entonces, ¿por qué estoy descubriendo tantos casos de personalidad múltiple cuando en la literatura
psicológica profesional son escasísimos los casos re-
portados? ¿Y por qué es que estas personalidades apa-
recen cuando se ata a los demonios y se les ordena
manifestarse en el nombre de Jesús? ¿Por qué es que
expresan rechazo hacia todo lo que tiene que ver con
Dios y odio hacia las personas que los están confrontando? ¿Por qué es que se refieren a sí mismos como ''espíritus''?

Seguí buscando una explicación.

—Quizás estas personas no sean realmente cristianas. Quizás sólo pretendan serlo, pero en el fondo no lo son. ¿Pero no debería yo poder distinguir
un cristiano de un no cristiano? ¿Por qué es que siento
que el Espíritu Santo da testimonio a mi espíritu de
que estas personas son cristianos verdaderos?

Me dediqué a leer literatura cristiana, buscando
las definiciones distintas del término ''cristiano.'' pero entre más leía, más convencida quedaba de que
yo no podía alegar que estas personas no eran cristianas.

Luego sucedió algo más que me ayudó a disipar
mis dudas y a convencerme de que los cristianos,
de hecho, sí pueden estar influenciados por demonios[1]. Un colega cristiano a quién conocía muy bien
vino a mí y me dijo:

—Rita, siento que yo necesito liberación.

—¿Qué? —protesté. ¿Tú, necesitas liberación? ¿Tú, un cristiano maduro, un psicólogo, una persona con entrenamiento profesional psicológico, que ha pasado por terapia y por sanidad interior? Pues si hay algo demoníaco que te está estorbando estoy segura de que podrás tratar con esto tú mismo.

—¡No! —protestó. He luchado contra estas cosas durante años, por medio de la oración, de ayunos, de psicología, pero no ha dado resultado. Soy un mentiroso compulsivo. Digo las mentiras más tontas e innecesarias que te puedas imaginar. Soy cristiano. Sé que no debo mentir. No quiero mentir y, sin embargo, miento a cada rato. ¿Por qué lo hago? ¿Por qué no puedo dejar de hacerlo? Estoy convencido de que tiene que haber un demonio que me impulsa a hacerlo.

—Otra cosa que he notado es que cada vez que tomo conciencia de que Dios me está indicando hacer algo, me coge un impulso tremendo de hacer exactamente lo contrario, como Jonás. Amo a Dios de todo corazón. Quiero hacer su voluntad. Quiero obedecerlo en todo. Le he dicho a El que estoy dispuesto a hacer todo lo que El me indique, pero hay algo dentro de mí que no quiere que lo haga. Creo que es un demonio. Necesito liberación y quiero que tú me la ministres. Conozco tus investigaciones en este campo y sé que tú sabes cómo hacerlo.

Internamente deseaba estar tan segura de mí misma como lo estaba él de mí.

Con cierta renuencia, le fijé una cita. Estaba dispuesta a tratar de ayudarlo, pero con toda honestidad, no esperaba que pasara nada. Empecé la sesión diciéndole que yo iba a orar por él e iba a reprender lo que él sintiera que debía reprenderse, pero no esperaba que fuera a haber una manifestación.

—Mira Rita —me dijo, anoche estuve orando por esta sesión y Dios me habló. Me dijo que si yo era completamente abierto contigo y no escondía nada, El me libraría hoy. Así que no me importa si se da la manifestación. Si los demonios tienen que hablar y eso va a ayudar para que salgan, tienen mi permiso de hacerlo. No es que me guste la idea de la manifestación, pero si se da, está bien.

Comencé con el procedimiento usual. Primero, una oración pidiendo la protección de Dios sobre nosotros dos, nuestras familias y posesiones materiales. Luego, até a los espíritus malignos, quebranté el poder de Satanás sobre la vida de mi amigo y comencé a reprender el espíritu de mentira que él mismo había discernido. Leí, en voz alta, pasajes bíblicos en contra de la mentira. No ordené al demonio que se manifestara, porque no quería pasar por la vergüenza, ante mi colega, de que la manifestación no se diera.

De repente salió un ruido extraño de su boca. Era un tartamudeo. Lo escuché y luego le pregunté:

—¿Es así como suenan tus lenguas?

—No —me respondió. —Algo extraño está pasando con mi boca. Esto no es lo que ocurre cuando hablo en lenguas. Es completamente diferente.

Esto me motivó un poco más y decidí "echarme al agua." Le ordené al espíritu de mentira que se manifestara y que me diera los nombres de los otros espíritus que estaban con él. El tartamudeo se hizo más fuerte y más rápido. No podía entender lo que se decía. De pronto me percaté de que lo que estaba pronunciando eran sílabas reales y no simplemente ruidos. Lo que sucedía era que se estaban pronunciando a una velocidad tan increíblemente rápida que era imposible comprenderlas.

—Deja de tartamudear y háblame claro —le ordené al espíritu.

El tartamudeo se fue haciendo más lento hasta que por fin pude entender: "Duda, duda, duda."

—¿Eres un espíritu de duda? —pregunté.

—Sí, sí, sí, sí —respondió en la misma forma repetitiva.

—¿Es un espíritu el que está causando su deseo de escapar del llamado que Dios le hace? —inquirí.

—Sí, sí, sí, sí —contestó la voz.

—¿Quién más está allí? —pregunté.

—Dolor, dolor, dolor —fue la respuesta.

—¿Dolor emocional?

—Sí, sí, sí, sí.

Le pregunté al espíritu de dolor si había experiencias del pasado de este hombre que necesitaban ser sanadas, pero respondió que no. Dijo que era él el que estaba haciendo que el dolor siguiera, pero que Dios ya había sanado los recuerdos.

La sesión continuó de esta forma hasta que todos los demonios se identificaron. Había un total de doce. Todos hablaron a través de la boca de mi colega cristiano.

Cada vez que le ordenaba a un demonio que saliera, mi amigo, involuntariamente, empezaba a soplar aire por la boca Cuando los jadeos y resoplidos incontrolables se detenían, yo le preguntaba a los demonios restantes si había terminado de salir. Si la respuesta era afirmativa, pasaba a expulsar al siguiente. Sin embargo, a veces la voz decía que aun no estaba completamente afuera y, entonces, yo continuaba expulsándolo hasta que los que quedaban, a los cuales había atado a la verdad, me informaban que ese ya había salido.

Cuando salió el último, mi colega abrió los ojos. Le pregunté si había podido reconocer la esfera de influencia que cada espíritu tenía en su vida. Dijo que algunos de los demonios lo habían sorprendido al dar sus nombres. No se había imaginado que fueran tantos espíritus los que estaban en su vida. No obstante, cuando, se identificaron, se le aclaró que esas áreas a las que los espíritus hacían referencia, de hecho, sí eran áreas problema, sólo que no había tomado plena conciencia de esto hasta el momento en que ellos lo mencionaron. Podía confirmar que, en realidad, habían estado trabajando en su vida.

Ya ha transcurrido un año desde que se dió esta sesión. Las áreas problemáticas de mi amigo siguen estando libres. El ha dado su testimonio en varios grupos cristianos en su afán de alertar a otros cristianos de que ellos, al igual que él, puedan estar necesitando liberación espiritual de fuerzas demoníacas.

Unos días después de la batalla espiritual de mi colega, estaba yo confrontando a un demonio en una mujer que sufría de enfermedades físicas causadas por demonios. Como el espíritu estaba hablando con gran claridad, aproveché la oportunidad de preguntarle algo que me inquietaba.

—¿Cómo es que tú, siendo un espíritu inmundo, puedes estar dentro de una persona cristiana y hablar por su boca? —le pregunté.

—Estoy en su mente —me contestó.

—¿Y qué de su cuerpo?

—No puedo entrar en su cuerpo porque ahí está el **otro** espíritu.

—¿El Espíritu Santo?

—Sí, tú lo conoces.

—Entonces, ¿cómo es que puedes enfermar su cuerpo?

—A través de su mente. Si logro entrar a su mente, de ahí puedo controlar todo su cuerpo.

Decidí cortar el diálogo con el demonio en ese momento por temor a convertir la sesión de liberación en una sesión de espiritismo, y expulsé al demonio.

No creo correcto que uno base su teología en lo que digan los demonios. Esto sería muy peligroso. Sin embargo, tengo la impresión de que este demonio decía la verdad. Lo creo por tantos otros casos que he visto en que esto parecía ser lo que ocurría. Durante los últimos cuatro años, he escuchado a los demonios hablar por boca de más de ciento cincuenta cristianos verdaderos. Cuatro de ellos eran pastores evangélicos de denominaciones no pentecostales, a los que les costó bastante aceptar la idea de que tuvieran demonios. Sin embargo, una vez que decidieron someterse a liberación, se vieron completamente libres de los síntomas que los atormentaban.

También he presenciado manifestaciones demoníacas no verbales en otros doscientos cristianos. No puedo desechar esta evidencia que, al igual que otras personas involucradas en el campo de las batallas espirituales, he sido testigo ocular. Esto me ha forzado a reevaluar la creencia evangélica tradicional de que es imposible que un cristiano esté endemoniado.

Creo que es imposible que un cristiano esté **poseído**[2] puesto que esto significaría estar totalmente dominado por un demonio, y en el cristiano siempre habrá una gran área dominada por el Espíritu Santo que ningún demonio podrá ocupar jamás. Pero, de lo que he visto, sí hay bastantes cristianos que, ya sea por herencia, por involucramiento en ocultismo, por hechicerías o maldiciones en su contra, por pecados sin confesar, por falta de perdón hacia alguien, o por trauma, tienen ciertas áreas de su vida bajo influencia demoníaca, influencia que necesita ser cortada y desechada.

Si la interpretación de los hechos que he observado es correcta, esto abre un gran campo de investigación para aquellos que trabajamos aconsejando a personas cristianas. Puesto que tratamos con la mente de la persona, ¿no sería sensato averiguar si hay allí algunos "inquilinos indeseables" que están tratando de confundir y destruir nuestros esfuerzos hacia la salud integral de la persona?

1.- INFLUENCIA DEMONIACA: Ingerencia parcial sobre algún área de la persona. Se ejerce a través de la mente de la víctima. Los demonios NO pueden obligar a un cristiano a hacer o decir cosas en contra de su voluntad pero, SI han logrado cierto nivel de influencia sobre su mente, la tentación puede ser demasiado fuerte como para que él la resista solo. Es posible que requiera el apoyo de otro creyente, más firme en autoridad espiritual, para que dé la batalla por él hasta que él mismo crezca en su propio uso de autoridad espiritual y esté en condiciones de dar su lucha personal a fin de lograr el control pleno de sus actos. Las áreas expuestas a la influencia demoniaca son aquellas que están debilitadas por motivos psicológicos o espirituales:

2.- POSESION DEMONIACA: Dominio de demonios sobre la voluntad humana. Una persona poseída, aunque lo desee, no puede dejar de obedecer los mandatos de los demonios que la controlan. Los demonios pueden utilizarla sin que se percate de que está siendo usada por ellos. Pueden obligarla a decir o hacer cosas en contra de su voluntad y aún en un estado de inconsciencia, tomando pleno control de su mente y su cuerpo, de modo que la víctima no tenga recuerdo de lo que hizo o dijo. Un cristiano NO puede estar poseído, pero SI puede estar bajo influencia demoniaca.

1) Traumas o heridas emocionales que aún no han sido sanados,

2) aspectos de la personalidad o voluntad que no han sido plenamente entregados y sujetados a Dios,

3) ataduras heredadas espiritualmente de antepasados por pecados no confesados o pactos satánicos,

4) contaminación por contacto con prácticas ocultas,

5) contaminación por persistencia consciente en un pecado,

6) contaminación de los cinco sentidos a través de pornografía, música satánica, juguetes y juegos satánicos, películas de terror o con enseñanzas contrarias a las Escrituras.

17

Opinión con fundamento

Soy científica. Creo que el método científico ha sido un hallazgo invaluable para el avance del conocimiento humano. No creo que es el único método para obtener información pues creo también en la revelación divina. Acepto ambos métodos y estoy convencida de que son, no solamente compatibles, sino "integrables."

Ambos vienen de Dios y ambos son susceptibles al error humano. Una persona puede equivocarse al interpretar información proveniente tanto de la experimentación científica como de la revelación de Dios. A pesar de esto, el conocimiento avanza, por gracia de Dios.

Esta es la actitud que ha guiado mi investigación del campo demoníaco. Me he basado tanto en el estudio de la Biblia, la cual acepto como palabra revelada por Dios, como en el estudio científico de los hechos observables.

He presenciado muchos casos de personas atormentadas o atadas por demonios. También he confrontado, yo misma, a los demonios en cientos de personas. No todas las liberaciones han sido exitosas, pero la mayoría sí lo han sido. Posiblemente he aprendido más de los fracasos que de los éxitos, porque me han forzado a replantear mis hipótesis para irlas mejorando.

No pretendo haber descubierto todo lo que hay por averiguar sobre los demonios, ni me atrevería a asegurar que mis conclusiones son infalibles. Lo que sí puedo asegurar es que son el resultado de una investigación seria y laboriosa del campo.

Las ideas que he compartido en este libro no son meras suposiciones u ocurrencias personales. Están fundamentadas en observación directa, planteamiento de hipótesis, experimentación personal y elaboración de conclusiones. Me he visto obligada a reformular mis conceptos ante la evidencia innegable arrojada por el estudio del campo que he hecho.

Por las investigaciones que he realizado, considero que me he ganado el derecho de opinar. Tengo una buena base; porque para conocer del tema no basta con leerse la Biblia o los libros escritos sobre el asunto. Es indispensable realizar un estudio in situ.

¿Por qué hago hincapié en esto? Porque estoy consciente de que me he pronunciado sobre un tema muy controversial. Me he abierto a la crítica de los psicólogos, tanto cristianos como no cristianos que no creen en los demonios.. No es de extrañar esto que digo. Hay muchos psicólogos cristianos que no creen en la existencia de demonios.

También me he expuesto a la ira de los teólogos, pastores y creyentes laicos que están convencidos de que decir que un cristiano pueda estar influído por demonios es una herejía.

Sé muy bien que mi posición al respecto no va a otorgarme el primer premio en popularidad y que me hubiera convenido más, en lo personal, el quedarme callada. No obstante, me he pronunciado al respecto porque me duele ver que gran parte de los cristianos tiene un desconocimiento casi total del campo demoníaco. Muchos no quieren ni hablar del tema, ya sea por temor o por incredulidad. Otros sí lo mencionan pero no tienen experiencia práctica en el campo, que les permita comprobar sus posiciones teóricas. Aun otros tienen algunas experiencias, pero a veces han sido malas experiencias.

De lo que he observado, son muy pocas las personas que han estudiado este campo combinando el método científico con el espiritual. He encontrado que esta combinación produce resultados más satisfactorios, por lo tanto, es la que yo recomiendo.

Me ha tocado ver liberaciones realizadas en formas con las cuales no puedo estar de acuerdo, entre ellas, liberaciones:

1. practicadas en un grupo carismático católico, en el nombre de María en lugar del nombre de Jesús;
2. hechas frente a la congregación entera, dando oportunidad al demonio de hacer exhibición de su fuerza y así atemorizar a muchos de los presentes, además de avergonzar y humillar a la persona endemoniada;
3. realizadas sin que nadie se haya cerciorado si realmente había o no demonio;
4. en donde al quitarse la manifestación se asumió que el demonio había salido cuando en realidad lo único que había hecho era ocultarse de nuevo en la persona;
5. en las que un grupo rodeaba a la persona gritando "fuera, en el nombre de Jesús." sin averiguar qué clase de demonio se encontraba en la persona, para poder comprobar luego si realmente quedó libre el área afectada o no;
6. en donde el supuesto "discernimiento" era una simple proyección del que ministraba;

7. en las que se consideraba que el demonio aun no había salido porque la persona no había vomitado, como si esa fuera la única manera que tienen los demonios para salir;

8. en donde se le ordenaba al demonio salir por grito, lo cual singnificó que la persona pasó horas pegando alaridos, quedando su garganta totalmente irritada y adolorida;

9. en las que se le pegaba a la persona, como si el dolor del cuerpo físico le pudiera llegar al demonio;

10. en donde se asumió que la persona había quedado liberada simplemente porque había caído al suelo. El desplomarse de esta forma puede ser una manifestación demoníaca, o puede ser un descanso en el espíritu. Aun cuando fuere una manifestación demoníaca, no necesariamente se garantiza que al caer la persona, el espíritu inmundo sale.

Yo no puedo estar de acuerdo con estas prácticas, pero tampoco puedo culpar a las personas que las han realizado ni negar que algunas de ellas logran que la gente se libere. Sus errores se devengan de la ignorancia que tenemos todos en relación a cómo enfrentar a los demonios. Hace demasiado tiempo que el campo demoníaco se viene ignorando en las iglesias y es culpa de este tabú que tenemos de hablar sobre esto que ya no sabemos cómo hacerlo adecuadamente.

La Biblia ayuda mucho al que tenga interés de aprender. Sin embargo, no es un manual sobre cómo sacar demonios. Son pocos los relatos bíblicos sobre liberación demoníaca y además, demasiado breves. Mientras que no se atreva a hacerlo uno mismo y cometa errores y vuelva a probar hasta tener éxito, no va a saber cómo hacerlo

Es muy fácil criticar de lejos al que está realizando liberaciones y decir: "lo que usted está haciendo está mal." Pero en lugar de criticar, ¿por qué no acercarse y tratar de ayudar en el proceso? ¿Por qué no tratar de liberar a alguien para ver cómo resulta? O, si no se está de acuerdo con la liberación, ¿por qué no trata de sanar a la persona por otro medio para ver si le funciona o no?

Es muy fácil decir: "Esta persona es cristiana, y por lo tanto, no puede estar endemoniada." Pero entonces, ¿qué se le debe decir a esa persona cuando de su boca están saliendo blasfemias lanzadas por un demonio, y gritos como éste: "Entré en esta persona hace muchos años y no pienso irme así no más. No me molestes. No voy a salir de ella. Aunque Jesús está en su corazón, yo sigo aquí en su mente."?

No quiero ofender a nadie, pero si las personas que objetan lo que hago jamás han observado personalmente una manifestación demoníaca, ni han visto una liberación que ha llegado a feliz término, ni han interrogado a una persona endemoniada que fue liberada y mucho menos han tratado de sacar un demonio de alguien, no puedo valorar su opinión. Considero que el derecho de opinar hay que ganárselo.

Si el juicio que emite una persona no se fundamenta en una observación directa de los hechos es, más bien, un "prejuicio," puesto que es un juicio realizado anterior a la comprobación. Es sólo una hipótesis que deberá someterse a un proceso experimental para descubrir si se verifica o se descarta.

Como científica, quisiera retar a la persona que nunca ha tenido contacto directo con el área demoníaca, que comience a investigarlo de una manera científica. Primero, realice un concienzudo estudio del tema en la Biblia. Luego averigue qué personas y grupos practican la liberación demoníaca, cómo y dónde lo hacen. Visite esos lugares. Solicite permiso para estar presente en sesiones de liberación. No vaya a un solo lugar. Descubra cómo lo hacen en diversas iglesias, tanto católicas como evangélicas.

Luego, con todo este transfondo práctico, comience a formular sus propias teorías acerca de lo demoníaco. Sólo entonces estará capacitado para opinar. Sólo entonces estará en posición para comenzar a poner a prueba por sí mismo, sus hipótesis personales sobre los demonios.

Ahora, si después de obtener esta experiencia práctica en lo demoníaco, llega a conclusiones diferentes a las mías, entonces por favor, comuníquese conmigo. Si estoy equivocada, yo soy la primera en querer saberlo. Trabajo con muchas personas en el campo de la liberación y si usted descubre algo que yo no sé, escríbame y hágamelo saber. Mi interés no es tener la razón. Lo que realmente deseo es saber la verdad, porque como dijo Jesús:
"La verdad os hará libres" (Juan 8:32).

Lic. Rita Cabezas de Krumm
Psicóloga
Apartado 21
Plaza González Víquez
San José, Costa Rica.